Klatschspiele und Sprechzeichnen

für 4- bis 8-Jährige

Spaßgedichte für Sprachförderung, Rhythmus, Motorik und DaZ

Verlag an der Ruhr

Impressum

Titel
Klatschspiele und Sprechzeichnen für 4- bis 8-Jährige
Spaßgedichte für Sprachförderung, Rhythmus, Motorik und DaZ

Autorin
Sabine Doering

Umschlagmotiv
© Jacob Lund – Shutterstock.com

Illustrationen
Mik Schulz (Klatschmuster-Icons), wenn nicht anders angegeben: Anja Boretzki

Lektorat
Corina Altmann

Druck
AZ Druck und Datentechnik GmbH, Kempten, DE

Geeignet für die Altersstufen 4–8

ISBN 978-3-8346-6706-9

Inhaltsverzeichnis

Inhaltsverzeichnis

besonders geeignet
für DaZ

Vorwort

Reime sowie Finger- und Klatschspiele werden bereits seit vielen Generationen übermittelt, dabei teilweise verändert oder ergänzt. Sie gehörten früher einmal fest in den Alltag der Kinder. In den zurückliegenden Jahren gerieten die Finger- und Klatschspiele immer stärker in den Hintergrund. Dabei sind sie durchaus mehr als eine willkommene Abwechslung – nicht nur an verregneten Tagen.
Entwicklungsgeschichtlich betrachtet, bestehen enge Verbindungen zwischen dem Fühlen bzw. Tasten und dem Denken. Das motorische Zentrum liegt im Gehirn neben dem Sprachzentrum. Die Hände fassen und greifen. Sie unterstützen so maßgeblich die geistige Entwicklung des Kindes (das Erfassen und Begreifen). Finger- und Klatschspiele unterstützen die Fähigkeit, **mit allen Sinnen zu lernen** und zugleich ein **Gefühl für den Sprechrhythmus anzubahnen**.

Als Logopädin arbeite ich mit Kindern, die teilweise erhebliche Rückstände in der sprachlichen Entwicklung aufzuholen haben. Aus meiner langjährigen Tätigkeit als Lehrerin und Legasthenie-Trainerin weiß ich, wie bedeutsam die Fähigkeit ist, **Wörter in Sprechsilben zu gliedern**. Sehr häufig beobachte ich noch bei Schüler*innen der 3. oder 4. Klasse erhebliche Unsicherheiten in der Silbengliederung und beim „inneren Sprechen" während des Schreibens.
Meine kleinen Patient*innen lernen deshalb bereits frühzeitig die ersten kleinen Klatschreime. Es erstaunt mich immer wieder, wie schnell die Kinder in der Lage sind, sich die Verse einzuprägen. Dabei werden verschiedene Klatschvarianten ausprobiert und wir denken uns oftmals spontan etwas Neues aus.

Durch die vermehrt heterogenen Lerngruppen mit Kindern, für die Deutsch die Zweitsprache ist, ergeben sich im Förderalltag neue Herausforderungen. Um auch diesen Kindern die Möglichkeit zu geben, Reime, Klatschspiele und Sprechzeichenverse verstehend umzusetzen, werden in dieser **aktualisierten Ausgabe** einige **einfache Reime und Verse mit Bildern zum Download** angeboten. Dieses zusätzliche Bildmaterial kann zur Wortschatzerweiterung eingesetzt werden.

Ich möchte Ihnen die erweiterten und um den Bereich „Reimwörter und Gegensätze" (DaZ) ergänzten Reime, Klatschspiele und Sprechzeichenverse zur Verfügung stellen, wünsche Ihnen viel Vergnügen damit und freue mich über Anregungen, Tipps und Wünsche.

Sabine Doering

[1] Der Verlag an der Ruhr legt großen Wert auf eine geschlechtergerechte und inklusive Sprache. Daher nutzen wir neutrale Formulierungen oder das Gendersternchen, um alle Menschen unabhängig von Geschlecht oder Geschlechtsidentität einzuschließen.

Was Sie noch wissen sollten

Sprechsilben und Spracherwerb

Sprachklang und Sprechrhythmus sind wesentliche Bestandteile des kindlichen Spracherwerbs. Das sichere Erkennen von Sprechsilben **erleichtert das Lesen** in hohem Maße und **mindert gleichzeitig Schwierigkeiten in der Rechtschreibung**.
Die vorliegenden Spaßgedichte sollen einen Beitrag dazu leisten, Kinder mit Freude an das Erkennen und Beachten von Sprechsilben heranzuführen.

Klatschspiele

Klatschspiele fördern die geistige Entwicklung des Kindes und somit auch die Fähigkeit, ein gesprochenes Wort mit einer rhythmischen Bewegung der Hände (oder Füße) zu begleiten. Anfangs sind es oft die Eltern, die mit Reimen, Finger- oder Klatschspielen die Aufmerksamkeit des Kindes auf die Sprache lenken. Später übernehmen auch Erzieher*innen und Lehrer*innen diese Aufgabe.
Klatschspiele können **überall gespielt** werden: zu Hause auf dem Sofa, im Garten, in der Kindertagesstätte oder in der Schule. Sie werden allein, zu zweit oder auch in der Gruppe am Tisch sitzend gespielt.
Für jüngere Kinder wird es anfangs leichter sein, nur solche Klatschbewegungen auszuführen, bei denen die Körpermitte nicht überschritten wird. Aber bereits ab dem Vorschulalter können auch **Überkreuz-Bewegungen** einbezogen werden. In der Kinesiologie werden alle Überkreuz-Übungen als „Türöffner" bezeichnet, weil sie die bessere **Vernetzung beider Gehirnhälften** unterstützen.

Sprechzeichnen

Auch beim Sprechzeichnen werden Sprache und Bewegung miteinander verknüpft. Die Übungen und Verse unterstützen die Entwicklung eines **besseren Gefühls für den Körper** und den **Sprech-Rhythmus**. Entwicklungsbedingt auftretende Redeflussstörungen können deutlich gemindert werden. Neben der Fähigkeit, sich besser zu konzentrieren, erwerben die Kinder im Spiel auch die **Grundlagen des Satzbaus**. Beim Zeichnen üben sie die Strichführung und die richtige Stifthaltung.

Je jünger das Kind ist, desto größer sollten anfangs die Bewegungen sein. Das bedeutet, dass z. B. mit dem Finger in die Luft gemalt werden kann, mit dem Fuß in den Sand, mit dem nassen Schwamm an eine Tafel, mit Fingermalfarben auf einen großen Bogen Papier oder mit Wachsmalstiften auf Tapetenstreifen. Sprühen Sie einmal Rasierschaum auf den Tisch und lassen Sie die Formen mit dem Finger in den Schaum malen. Es macht auch viel Spaß, ein Seil zu nehmen und es genau im Rhythmus zu schwingen oder den Sprech-Rhythmus mit einem Musikinstrument zu unterstützen.

Am Tisch sitzend, können Vorschulkinder und jüngere Schulkinder auch Sprechzeichenverse gestalten. Wenn sie beim Zeichnen von Wachsmalstiften zu dicken Buntstiften wechseln, beginnt die Einflussnahme auf die **richtige Stifthaltung** (den Dreifingergriff). Daumen und Zeigefinger werden dabei leicht angewinkelt und halten den Stift. Der Stift ruht auf dem Mittelfinger und in der Beuge zwischen Daumen und Zeigefinger. Eltern und Erzieher*innen sollten rechtzeitig Einfluss auf das Halten des Stiftes nehmen. Im Handel gibt es eine Vielzahl unterschiedlicher Stifthalter, die unterstützend verwendet werden können.

Im Vordergrund steht auch bei den Sprechzeichenversen der **Spaß**. Es ist nicht das Ziel, die Formen genau nachzuspuren. Vielmehr sollen die Kinder eine harmonische Verbindung von gesprochenem Wort und gezeichneter Form anstreben.

Die Sprache ist bei runden Formen, wie Kreis, Schaukel, Mond, liegender Acht, fließend. Bei eckigen Formen bilden Silbe (oder Wort) und Strich eine Einheit, d. h., wenn die Silbe (oder das Wort) gesprochen ist, muss der Strich gezeichnet sein. Wenn Sprech- und Bewegungsrhythmus übereinstimmen, endet der letzte Strich am Anfangs- und Endpunkt der Form.

Kinder brauchen Fantasie. Sie sollen dazu angeregt werden, sich selbst lustige Sachen auszudenken. Beginnen Sie einen beliebigen Satz und lassen Sie das Kind passende Reimwörter finden.

Basteln Sie mit den Kindern eigene Spaßgedichte. Erfinden Sie neue Sprechzeichenverse zu neuen oder zu bekannten Formen.

Lassen Sie sich begeistern von den Fähigkeiten der Kinder und tauchen Sie ein Stück weit zurück in die eigene Kinderzeit.

Es gibt unzählige Möglichkeiten, Silbensprache und Bewegung miteinander zu verbinden. Einige möchte ich Ihnen vorstellen. Gleichzeitig will ich Sie aber ermutigen, selbst eigene Klatschmuster und Sprechzeichenverse zu erfinden. Denn alles, was in ein Klatschmuster oder einen Sprechzeichenvers passt, ist richtig und erlaubt.

Reimwörter und Gegensätze

besonders geeignet **für DaZ**

Diese aktualisierte Ausgabe wird durch ein zusätzliches Kapitel ergänzt. Es beinhaltet Reimwörter und Gegensätze, die besonders für Kinder geeignet sind, deren Muttersprache nicht Deutsch ist. Eine Auswahl an Nomen, Verben und Adjektiven wird die Kinder bei der spielerischen Wortschatzerweiterung unterstützen. Sie erlangen ein Gefühl für die Sprache und den Sprachklang. Sie erkennen, dass sich Wörter ähnlich anhören können und doch eine unterschiedliche Bedeutung haben.
Für eine **dauerhafte Speicherung** der neuen Wörter werden **Bilder zum Download** angeboten. Die Seiten sind so gestaltet, dass neben jedem Bild auch das entsprechende Wort steht.
Jeweils zu Beginn eines neuen Kapitels erhalten Sie weitere Tipps und Anregungen.

Downloadmaterial

Zu den folgenden Themen des Buches finden Sie weiterführendes Material im Downloadbereich:

- Übersicht über die im Buch enthaltenen Klatschmuster:
  In dieser Übersicht wurden die Klatschmuster zu den Angeboten im Buch noch einmal aufgelistet. Sie können die vorgegebenen Muster nutzen, um sie mit den Kindern zu dem jeweiligen Reim nachzuklatschen. Sie können aber auch zu jedem Reim ein beliebiges Klatschmuster auswählen.
- Klatschmuster selbst erstellen:
  Wenn Ihnen die angebotenen Klatschmuster zu einfach sind oder Sie lieber abwechslungsreichere Klatschmuster möchten, kopieren Sie eine Auswahl der vorgegebenen Varianten und fügen Sie sie nach Ihrem Belieben in die Blanko-Vorlage ein. So gestalten Sie Ihr ganz persönliches Klatschmuster.
- Bildkarten zu den „Reimwörtern und Gegensätzen“ in Kapitel 5

Die Downloadinhalte sind mit dem Symbol gekennzeichnet und unter folgendem Link oder über das Einscannen des QR-Codes abrufbar:

Link: **cloud.verlagruhr.de/lerninhalt/p1KoFA5kX1OI/**

Sollten der Link und/oder der QR-Code ihre Gültigkeit verlieren, wenden Sie sich bitte an: digitaleslernen@verlagruhr.de.

Erklärung der Klatschmuster (1/4)

Für eine Person

	in die Hände klatschen
	mit beiden Händen auf den Tisch patschen
	mit rechter Hand auf den Tisch patschen
	mit linker Hand auf den Tisch patschen
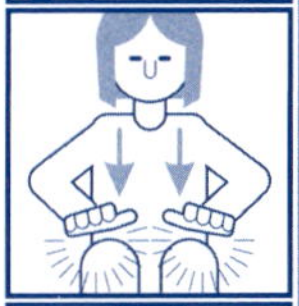	mit beiden Händen auf die Oberschenkel patschen
	mit rechter Hand auf linken Oberschenkel patschen
	mit linker Hand auf rechten Oberschenkel patschen
	mit rechter Faust auf linken Oberschenkel patschen
	mit linker Faust auf rechten Oberschenkel patschen

Erklärung der Klatschmuster (2/4)

	mit beiden Handrücken auf Oberschenkel patschen
	mit rechtem Handrücken auf linken Oberschenkel patschen
	mit linkem Handrücken auf rechten Oberschenkel patschen
	mit rechter Faust auf linke Tischseite patschen
	mit linker Faust auf rechte Tischseite patschen
	mit Händen über Kreuz auf Oberschenkel patschen, rechte Hand oben
	mit Händen über Kreuz auf Oberschenkel patschen, linke Hand oben
	rechte Hand an linken Schultergürtel tippen
	linke Hand an rechten Schultergürtel tippen
	rechte Hand an linkes Ohr tippen

Erklärung der Klatschmuster (3/4)

	linke Hand an rechtes Ohr tippen
	Hände hinter dem Rücken zusammenklatschen
	Hände auf der Brust überkreuzen
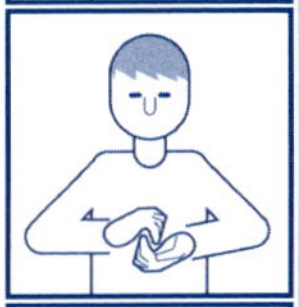	linke HIF[2] mit gekrümmten Fingern zeigt nach oben, rechte HIF mit gekrümmten Fingern zeigt nach unten, Finger greifen ineinander
	rechte HIF mit gekrümmten Fingern zeigt nach oben, linke HIF mit gekrümmten Fingern zeigt nach unten, Finger greifen ineinander

Für zwei Personen

	gegen die Hände des*der Mitspielenden klatschen
	rechte Hand gegen linke Hand des*der Mitspielenden klatschen
	linke Hand gegen rechte Hand des*der Mitspielenden klatschen
	rechte Hand gegen rechte Hand des*der Mitspielenden klatschen

[2] HIF = Handinnenfläche

	linke Hand gegen linke Hand des*der Mitspielenden klatschen
	mit rechter Faust die rechte Faust des*der Mitspielenden berühren
	mit linker Faust die linke Faust des*der Mitspielenden berühren
	mit rechtem Handrücken den rechten Handrücken des*der Mitspielenden berühren
	mit linkem Handrücken den linken Handrücken des*der Mitspielenden berühren
	rechte HIF von Spieler*in und Mitspieler*in zeigen nach oben, linke HIF zeigen nach unten, Handflächen klatschen aufeinander
	linke HIF von Spieler*in und Mitspieler*in zeigen nach oben, rechte HIF zeigen nach unten, Handflächen klatschen aufeinander
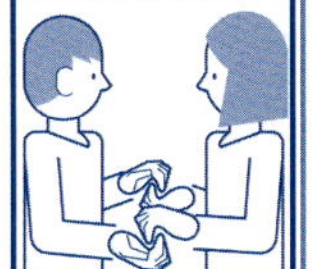	rechte HIF mit gekrümmten Fingern von Spieler*in und Mitspieler*in zeigen nach oben, linke HIF mit gekrümmten Fingern zeigen nach unten, Finger der beiden gegenseitigen Spieler*innen greifen ineinander
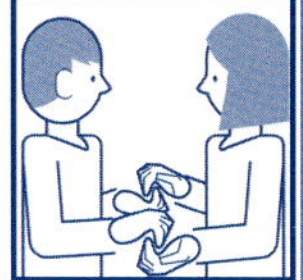	linke HIF mit gekrümmten Fingern von Spieler*in und Mitspieler*in zeigen nach oben, rechte HIF mit gekrümmten Fingern zeigen nach unten, Finger der beiden gegenseitigen Spieler*innen greifen ineinander

1. Allerlei Klatschspiele

Einführung

Die folgenden beiden Kapitel enthalten verschiedene Spaßgedichte.

Dabei finden Sie abwechselnd eine **Klatschvariante für eine*n Spieler*in** und eine **Klatschvariante für zwei Spieler*innen**.

Im vorderen Teil des Buches (S. 9–12) finden Sie die grafisch dargestellten Klatschvarianten noch einmal in einer Übersicht. Sie können daraus entnehmen, welche Bewegung in einem Klatschmuster ausgeführt werden soll.

Es gibt jedoch keine Vorschrift, die besagt, nach welchem Prinzip ein Klatschreim zu klatschen ist. Sie entscheiden, ob Sie das vorgeschlagene Klatschmuster nutzen möchten oder nicht.

In dieser aktualisierten Ausgabe werden Ihnen alle verwendeten Klatschmuster zusätzlich zum Download angeboten. Sie können das zu Ihrem Reim passende Muster auswählen und dem Kind zur Verfügung stellen. Viele Kinder sind dann bereits sehr früh in der Lage, die Muster mithilfe der Vorlage selbstständig zu klatschen.

Gern können Sie sich aus den Klatschmustern auch ein **anderes**, zu Ihrem Reim passendes **Muster auswählen**. Sie haben also hier freie Wahl.

Ein **Blanko-Klatschmuster** ermöglicht außerdem die problemlose Erstellung neuer Klatschvarianten. Falls Sie eigene Ideen haben oder Ihnen die vorgegebenen Muster zu einfach erscheinen, können Sie mithilfe der kleinen Abbildungen selbstständig Klatschmuster kreieren.

Denken Sie sich selbst immer wieder etwas Neues aus. Sie können mit den Fingern schnipsen, mit den Füßen stampfen, eine Drehung um die eigene Achse machen usw.

Und wenn Sie möchten, machen Sie aus einem Klatschspiel einfach mal ein lustiges Gedicht – ohne Klatschen.

Der Frosch auf dem Tellerrand

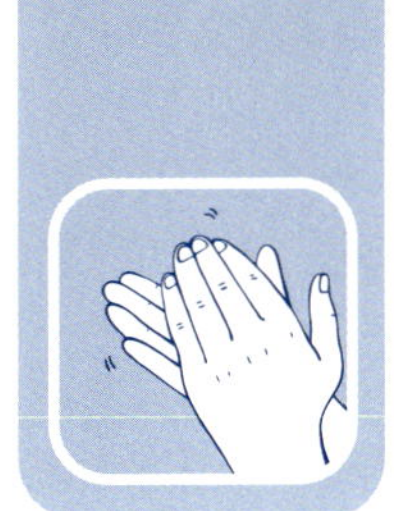

1 2 3 4 5 6 7 8

Der Frosch sitzt auf dem Tel – ler – rand.
Er hat die Zun – ge sich ver – brannt.
Die Sup – pe war noch viel zu heiß,
wie un – ser Frosch seit heu – te weiß.

Klatsch-Beispiel für 1 Person – **ohne Überkreuzen** (einfach):

1	2	3	4	5	6	7	8

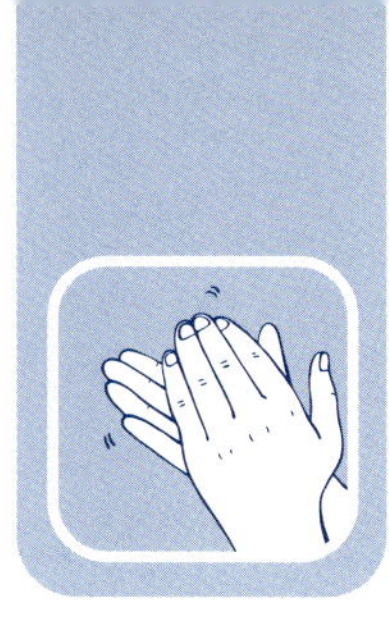

Hund und Katze

1 2 3 4 5 6 7 8

Das Kätz – chen liegt im Hun – de – haus
und will da gar nicht wie – der raus.
Es miezt und mauzt und schnurrt ganz fein:
„Lass mich in dei – ner Hüt – te sein."
Der alte Hund, der hört das nicht.
Er schläft im war – men Son – nen – licht.

Klatsch-Beispiel für 2 Personen – **ohne Überkreuzen** (einfach):

1	2	3	4	5	6	7	8

Der Hosenmatz

1 2 3 4 5 6 7 8

Der Ho – sen – matz läuft durch das Haus,
sucht sei – ne Ho – se, ei der Daus.
Er ruft ganz trau – rig: „So ein Mist!
Ich weiß nicht, wo die Ho – se ist.“
Nun sucht er schon fünf Stun – den lang
in je – dem Bett, in je – dem Schrank.
Da sagt die Ma – ma: „Sieh dich an.
Du hast doch dei – ne Ho – se an!“

Klatsch-Beispiel für 1 Person – **ohne Überkreuzen** (einfach):

1	2	3	4	5	6	7	8

Der Clown

1 2 3 4 5 6 7 8

Der Zir – kus – clown steht hin – term Zaun,
ist gar nicht lus – tig an – zu – schaun.
'ne Trä – ne rollt durch sein Ge – sicht
und fröh – lich la – chen kann er nicht.
Die Kin – der sehn ihn trau – rig an.
Ob ihm wohl je – mand hel – fen kann?
Da trifft ein Son – nen – strahl ihn sacht
und un – ser Clown, der strahlt und lacht.

Klatsch-Beispiel für 2 Personen – **ohne Überkreuzen** (einfach):

1	2	3	4	5	6	7	8

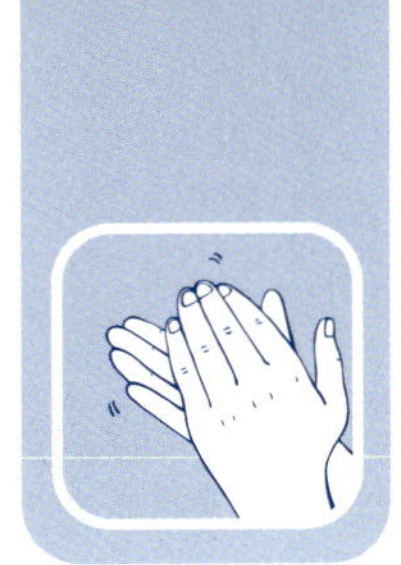

Omas Kuchen

1 2 3 4 5 6 7 8
Aus ei – nem Fens – ter, ei der Daus,
da kom – men schwar – ze Wol – ken raus.
Die Leu – te schrei – en schon: „Es brennt!
Wer Bei – ne hat, der rennt, der rennt!“
Nur O – ma Krau – se steht und lacht:
„Ich hab den Ku – chen weg – ge – bracht.
Er war zu lang im O – fen drin.
Nun ist das gu – te Stück wohl hin.“

Klatsch-Beispiel für 1 Person – **ohne Überkreuzen** (einfach):

1	2	3	4	5	6	7	8

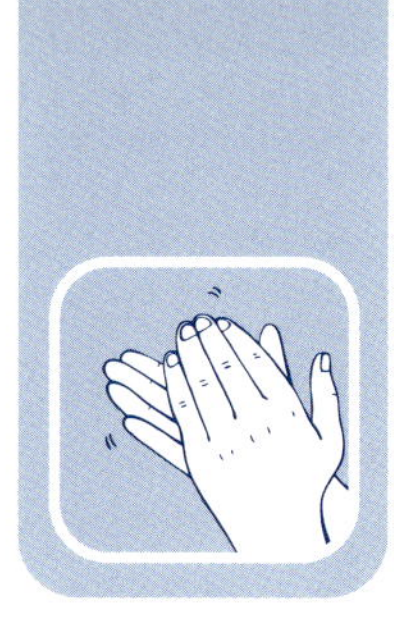

Der kleine Mops

1 2 3 4 5 6 7 8
Ein klei – ner, di – cker Mops, Mops, Mops,
der woll – te ei – nen Klops, Klops, Klops.
Der Klops, der war ganz rund, rund, rund,
ver – schwand so – fort im Mund, Mund, Mund.
Der Mops, der schmatz – te laut, laut, laut,
das hör – te sei – ne Braut, Braut, Braut.
Sie rief: „Oh, lass das sein, sein, sein!
Du schmatzt ja wie ein Schwein, Schwein, Schwein."
Seit – dem kaut un – ser Mops, Mops, Mops
ganz lei – se sei – nen Klops, Klops, Klops.

Klatsch-Beispiel für 2 Personen – **ohne Überkreuzen** (einfach):

1	2	3	4	5	6	7	8

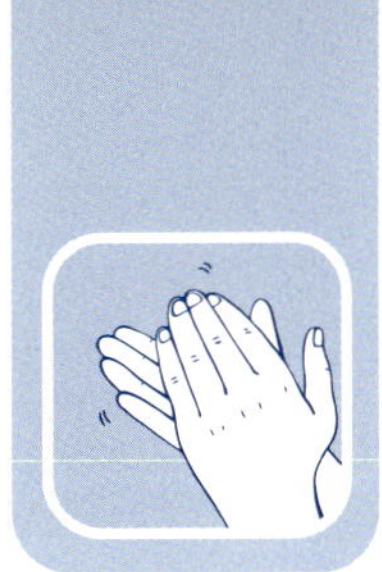

Der Elefant im Urwald

1 2 3 4 5 6 7 8

Ein di – cker grau – er E – le – fant
ist durch den Ur – wald mal ge – rannt.
Er woll – te Ko – kos – nüs – se sehn.
Die sind so rund, die sind so schön.
Er rüt – tel – te an ei – nem Baum,
den Af – fen o – ben sah er kaum.
Der Af – fe a – ber vol – ler List
die Ko – kos – nuss nach un – ten schmiss.
Sie traf den E – le – fan – ten: „Au!“
Nun ist sein gan – zer Rüs – sel blau.

Klatsch-Beispiel für 1 Person – **ohne Überkreuzen** (einfach):

1	2	3	4	5	6	7	8

Der Rummelplatz-Spatz

1 2 3 4 5 6 7 8

Auf ei – nem gro – ßen Rum – mel – platz,
da saß ein – mal ein klei – ner Spatz.
Er fand die Ka – rus – sells so schön,
wollt' gar nicht mehr nach Hau – se gehn.
Doch ein – mal in der dunk – len Nacht
hat ein Ge – spenst laut „Hu!" ge – macht.
Der Spatz be – kam 'nen Rie – sen – schreck
und flog, so schnell er konn – te, weg.
Doch das Ge – spenst rief: „Bleib doch, Spatz!
Hier ist ja für uns bei – de Platz."

Klatsch-Beispiel für 2 Personen – **ohne Überkreuzen** (einfach):

1	2	3	4	5	6	7	8

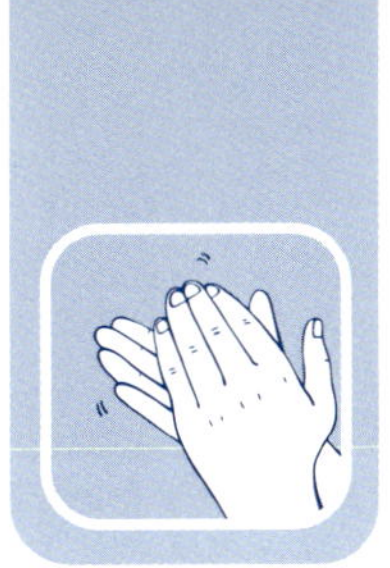

Die graue Maus

1 2 3 4 5 6 7 8

In ei – nem al – ten He – xen – haus,
da wohnt die klei – ne grau – e Maus.
Der Ka – ter sagt: „He, Maus, komm her!
Ich fress dich, denn mein Bauch ist leer."
Die klei – ne Maus läuft fort ge – schwind,
ver – steckt sich dort, wo Mäu – se sind.
Sie wohnt jetzt in 'nem Mau – se – loch
mit ih – rem Mann, dem Mäu – se – koch.
Und ih – re Mäu – se – kin – der – lein,
die sind im Bett und träu – men fein.

Klatsch-Beispiel für 1 Person – **ohne Überkreuzen** (einfach):

1	2	3	4	5	6	7	8

Der kleine Zottel

1 2 3 4 5 6 7 8

Der klei – ne Zot – tel Tri, Tra, Tropf,
der hat ’ne Beu – le auf dem Kopf.
Er sag – te zu dem Ki, Ka, Kind:
„Ich zeig dir, wo die Bon – bons sind.“
Der Zot – tel stieg auf ei – ne Bank.
Dann stieß er sich an ei – nem Schrank.
Zum Schluss fiel ihm der Bon – bon – topf
ge – nau auf sei – nen Zot – tel – kopf.
Die Ma – ma kam schnell an – ge – rannt
mit ei – nem rie – si – gen Ver – band.
Und weil die Beu – le hei – len muss,
be – kam der Zot – tel ei – nen Kuss.

Klatsch-Beispiel für 2 Personen – **mit Überkreuzen** (mittel):

1	2	3	4	5	6	7	8

Einmal und immer wieder

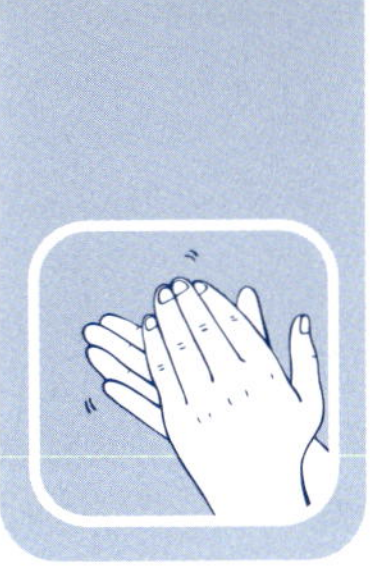

1 2 3 4 5 6 7 8

Am Mon – tag ha – be ich ge – sehn,
wie Kin – der in die Schu – le gehn.
Und auch am Diens – tag war es so;
sie lach – ten und sie wa – ren froh.
Sie spiel – ten fröh – lich auf dem Hof
und fan – den Re – gen – pau – sen doof.
Doch dann am Sams – tag war es still,
weil Sams – tag nie – mand ler – nen will.
Und Mon – tag ha – be ich ge – sehn,
wie Kin – der in die Schu – le gehn ...

Klatsch-Beispiel für 1 Person – **mit Überkreuzen** (mittel):

1	2	3	4	5	6	7	8

Verkehrte Welt

1 2 3 4 5 6 7 8

Das Ba – by sitzt im Kin – der – bett
und liest die Zei – tung. Oh, wie nett!
Im Kin – der – gar – ten spielt Ma – ma
und auf der Rut – sche schreit Pa – pa.
Die O – ma läuft durchs Pup – pen – haus
und fin – det gar nicht wie – der raus.
Der O – pa hockt im war – men Sand.
Er hat ein Au – to in der Hand.
Der klei – ne Ben, der lacht und lacht
und sagt: „Ich hab nur Spaß ge – macht.“

Klatsch-Beispiel für 2 Personen – **mit Überkreuzen** (mittel):

1	2	3	4	5	6	7	8

Die Achterbahn

1 2 3 4 5 6 7 8
Im Park steht ei – ne Ach – ter – bahn,
die kann nur rauf- und run – ter – fahrn.
Sie fährt nach o – ben Tag und Nacht
und saust nach un – ten, bis es kracht.

Die Kin – der la – chen schon ganz laut:
„Wer hat nur die – se Bahn ge – baut?
Die kann ja nicht mal Ach – ten fahr'n.
Und so was nennt sich Ach – ter – bahn!"

Da dreht die Bahn sich schnell, schnell, schnell,
grad wie ein Ka – rus – sell, -sell, -sell.
Die Kin – der ru – fen: „Hey, halt an!
Du bist die schöns – te Ach – ter – bahn!"

Klatsch-Beispiel für 1 Person – **mit Überkreuzen** (mittel):

1	2	3	4	5	6	7	8

Ein riesengroßer Luftballon

1 2 3 4 5 6 7 8
Ein rie – sen – gro – ßer Luft – bal – lon,
der schweb – te durch die Luft da – von.
Erst flog er auf das Meer hi – naus.
Da schau – ten al – le Fi – sche raus.

Dann flog er ü – ber ei – nen Teich,
da quak – ten al – le Frö – sche gleich.
Im Hüh – ner – stall gleich hin – term Haus,
da ris – sen al – le Hüh – ner aus.

Der rie – sen – gro – ße Luft – bal – lon,
der lan – de – te auf dem Bal – kon.
Er träum – te noch vom Flug ins All,
dann platz – te er mit lau – tem Knall.

Klatsch-Beispiel für 2 Personen – **mit Überkreuzen** (mittel):

1	2	3	4	5	6	7	8

Nur ein Traum

1 2 3 4 5 6 7 8

Auf ei – nem al – ten Bau – ern – hof,
da wa – ren al – le Tie – re doof.
Da gab es ei – ne di – cke Kuh,
die woll – te im – mer ro – te Schuh'.

Das Huhn, das ga – cker – te: „Juch – hei,
ich schlag die Ei – er jetzt zu Brei."

Der al – te Hund war viel zu fett
und schlief den gan – zen Tag im Bett.
Das Pferd stand auf der Wei – de rum
und warf den Was – ser – ei – mer um.

Der Bau – er rief: „Ich halt's nicht aus!"
Da fiel er aus dem Bet – te raus.
Er war sehr froh, man glaubt es kaum:
Das al – les war ja nur ein Traum.

Klatsch-Beispiel für 1 Person – **mit Überkreuzen** (mittel):

1	2	3	4	5	6	7	8

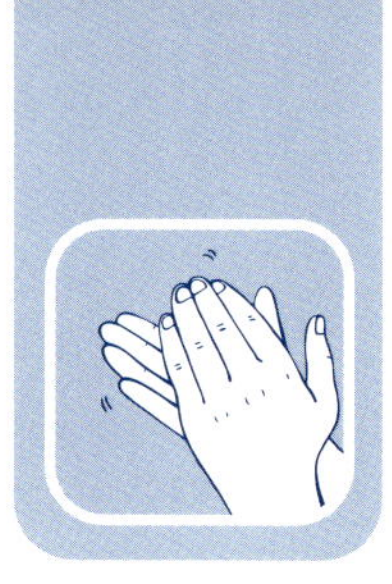

Oskars Schultag (1/2)

1 2 3 4 5 6 7 8
Als mor – gens früh der We – cker schellt
und Os – kar aus dem Bet – te fällt,
da denkt er: „Hey, was ist das bloß?
Der Tag geht ja schon lus – tig los!“

Ein Strumpf ist grün, ein Strumpf ist rot,
'ne Flie – ge auf dem But – ter – brot.
Die Schuh' ver – schwun – den ü – ber Nacht.
Wo hat er die wohl hin – ge – bracht?

Zur Schu – le rennt er ra – send schnell,
denn drau – ßen ist es schon ganz hell.
Er bleibt wie an – ge – wur – zelt stehn.
Kein ein – zig' Kind ist da zu sehn.
Und im Ka – len – der steht es schon:

Oskars Schultag (2/2)

„Heut hast du frei, mein lie – ber Sohn.“
Der Os – kar dreht sich lang – sam um
und denkt: „Das ist doch wirk – lich dumm!“
Dann läuft er schnell zu – rück nach Haus
und schläft sich erst mal rich – tig aus.

Klatsch-Beispiel für 2 Personen – **mit Überkreuzen** (mittel):

1	2	3	4	5	6	7	8

Die Giraffe (1/2)

1 2 3 4 5 6 7 8
Ich ken – ne 'ne Gi – raffe, -raffe, -raffe,
die denkt, sie wär ein Affe, Affe, Affe.
Sie sitzt auf ei – nem Baum, Baum, Baum
und springt, man glaubt es kaum, kaum, kaum.

Sie springt im gro – ßen Bogen, Bogen, Bogen.
Du glaubst, das wär ge – logen, -logen, -logen?
Da ist ein lee – rer Fleck, Fleck, Fleck.
Gi – raf – fe? Die ist weg, weg, weg.

Sitzt in der E – cke still, still, still,
weil sie nicht lau – fen will, will, will.
Der Po, der tut ihr weh, weh, weh,
bis zu dem klei – nen Zeh, Zeh, Zeh.

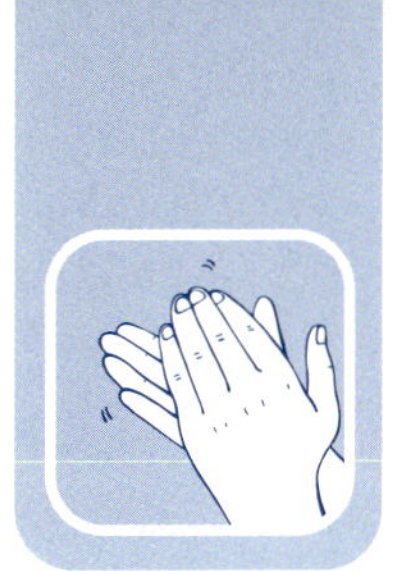

Die Giraffe (2/2)

Nun weiß auch die Gi – raffe, -raffe, -raffe:
„Ich bin ja doch kein Affe, Affe, Affe.
Be – vor ich noch mal kletter, kletter, kletter,
fress ich hier un – ten Blätter, Blätter, Blätter."

Klatsch-Beispiel für 1 Person – **mit Überkreuzen** (mittel):

1	2	3	4	5	6	7	8

Ein kluger Kloß (1/2)

1 2 3 4 5 6 7 8
Auf ei – nem al – ten Floß, Floß, Floß,
da sonn – te sich ein Kloß, Kloß, Kloß.
Da kam der Wind, o Schreck, Schreck, Schreck,
auf ein – mal war er weg, weg, weg.

Er schwamm im wei – ten Meer, Meer, Meer.
Ein Hai – fisch sprach: „Komm her, her, her!
Du bist so herr – lich weich, weich, weich,
drum fress ich dich auch gleich, gleich, gleich."

Er warf ihn in die Luft, Luft, Luft.
Der Kloß rief: „Hey, du Schuft, Schuft, Schuft,
ich rol – le jetzt zum Strand, Strand, Strand
und wäl – ze mich im Sand, Sand, Sand."

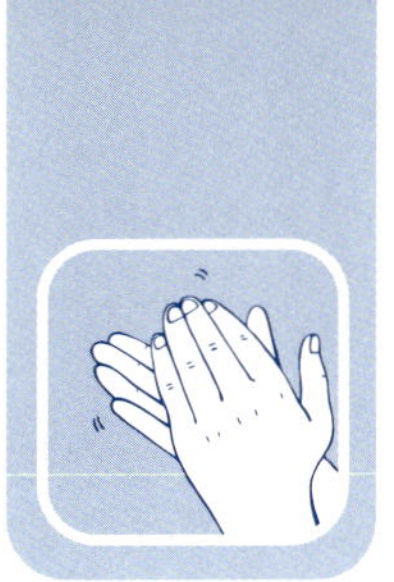

Ein kluger Kloß (2/2)

Bei sei – nem letz – ten Wort, Wort, Wort,
da sprang er und schwamm fort, fort, fort.
Der Hai – fisch sprach: „So 'n Dreck, Dreck, Dreck.
Der leck – re Kloß ist weg, weg, weg."

Klatsch-Beispiel für 2 Personen – **mit Überkreuzen** (mittel):

1	2	3	4	5	6	7	8

Der Fisch

1 2 3 4 5 6 7 8

Auf Mey – ers al – tem Kü – chen – tisch,
da liegt ein klei – ner bun – ter Fisch.
Er zap – pelt mit den Flos – sen noch.
Frau Mey – er sagt: „Ich helf dir doch.“

Der klei – ne Fisch, der tut ihr leid.
Sie wi – ckelt ihn ganz schnell ins Kleid.
Dann trägt sie ihn zum gro – ßen Fluss,
weil je – der Fisch ins Was – ser muss.

Das Fisch – lein fin – det Freun – de gleich
und taucht hi – nab ins Fi – sche – reich.
Dort schwimmt es nun tag – ein, tag – aus,
schaut manch – mal aus dem Was – ser raus.

Klatsch-Beispiel für 1 Person – **mit Überkreuzen** (mittel):

1	2	3	4	5	6	7	8

2. Mit Klatschspielen durch das Jahr

Frühling

1 2 3 4 5 6 7 8

Der Schnee ist schon längst weg – ge – taut.
Die Am – sel hat ein Nest ge – baut.
Die Son – ne wärmt die Er – de an,
da – mit nun al – les wach – sen kann.
Die Kin – der ziehn die Schu – he aus
und ren – nen bar – fuß um das Haus.
Sie lau – fen durch das grü – ne Gras
und ha – ben da – bei sehr viel Spaß.

Klatsch-Beispiel für 2 Personen – **mit Überkreuzen** (mittel):

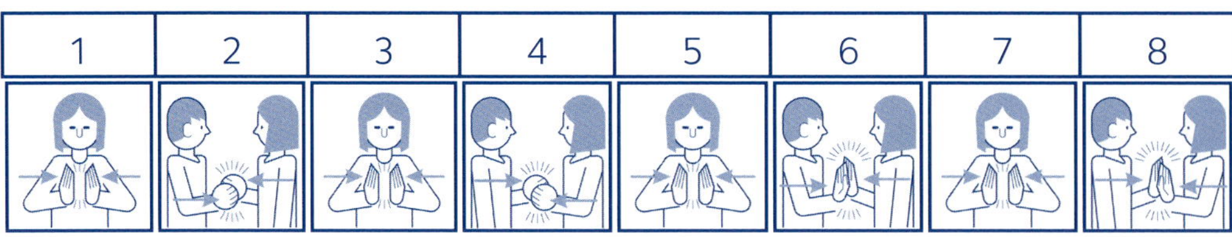

Ostern

1 2 3 4 5 6 7 8

Das Häs – chen sitzt im wei – chen Gras
und schnup – pert mit der Schnup – per – nas.
Und dann ver – steckt es, eins, zwei, drei,
in je – dem Busch ein Os – ter – ei.

Die Kin – der kom – men aus dem Haus
und ru – fen: „Das sieht lus – tig aus.
Hier liegt ein Ei, da liegt ein Ei.
Und dort im Busch, da lie – gen zwei!“

Sie su – chen hier, sie su – chen dort.
Der Ha – se ist schon lan – ge fort.
Er braucht erst mal ein biss – chen Ruh
und macht die Häs – chen – au – gen zu.

Klatsch-Beispiel für 1 Person – **mit Überkreuzen** (mittel):

1	2	3	4	5	6	7	8

Sommer

1 2 3 4 5 6 7 8

Bar – fuß durch die Pfüt – zen pat – schen
und im Sand so rich – tig mat – schen.
Hast du das je - mals schon ge – macht
und dann da – bei ganz laut ge – lacht?
Weißt du, wie gut der Re – gen schmeckt?
Hast du die Trop – fen ab – ge – leckt?
Hast du dich wild im Kreis ge – dreht
und dich dann schnell ins Gras ge – legt?
Hast du die Wol – ken zie – hen sehn?
Dann weißt du: Uns – re Welt ist schön.

Klatsch-Beispiel für 2 Personen – **mit Überkreuzen** (schwierig):

1	2	3	4	5	6	7	8

1 2 3 4 5 6 7 8

Ra –bim, ra – bam, ra – bum, -bum, -bum.
Der Wind, der bläst uns um, um, um.
Das wun – der – schö – ne Blatt, Blatt, Blatt,
das er ge – fun – den hat, hat, hat,
das wir – belt durch die Luft, Luft, Luft
und flüs – tert: „Hey, du Schuft, Schuft, Schuft!"
Nun reg – net es wie toll, toll, toll.
Die Stie – fel sind schon voll, voll, voll.
Drum lau – fen wir nach Haus, Haus, Haus
und ziehn die Stie – fel aus, aus, aus.

Klatsch-Beispiel für 1 Person – **mit Überkreuzen** (schwierig):

1	2	3	4	5	6	7	8

Das Igelkind

1 2 3 4 5 6 7 8

Ein klit – ze – klei – nes I – gel – kind
spa – zier – te durch den küh – len Wind.

Es ra – schel – te durchs bun – te Laub,
das Näs – chen war schon vol – ler Staub.

Da la – gen un – ter ei – nem Baum
fünf I – gel – chen in Grün und Braun.

Und in den I – geln, oh, wie toll,
da glänz – te es ganz wun – der – voll.

Das Ig – lein freu – te sich gar sehr
und trug die Ku – geln hin und her.

Es nahm sie schließ – lich mit nach Haus
und baut' Kas – ta – nien – männ – chen draus.

Klatsch-Beispiel für 2 Personen – **mit Überkreuzen** (schwierig):

1	2	3	4	5	6	7	8

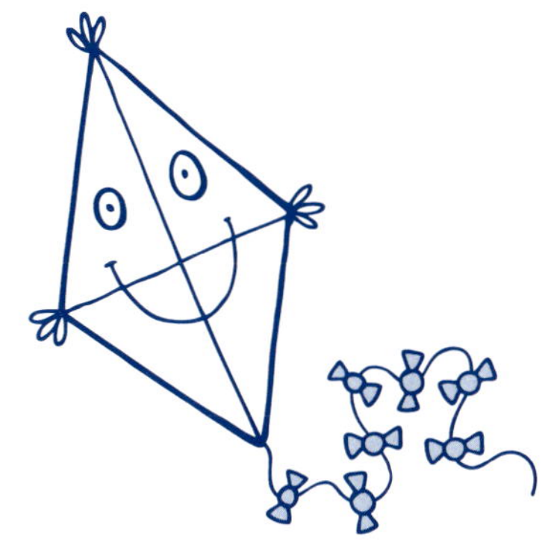

Drachen

1 2 3 4 5 6 7 8

Die Blät – ter sind schon lan – ge bunt.
Der I – gel macht sich ku – gel – rund.

Der Wind weht kräf – tig ü – bers Land.
Die Kin – der kom – men an – ge – rannt.

Sie ha – ben Dra – chen mit da – bei
und füh – len sich un – end – lich frei.

Und ih – re Dra – chen, bunt und schön,
kann man im Wind heut tan – zen sehn.

Klatsch-Beispiel für 1 Person – **mit Überkreuzen** (schwierig):

1	2	3	4	5	6	7	8

Schnee

1 2 3 4 5 6 7 8

Vom Him – mel rie – selt leis der Schnee,
be – deckt die Wie – se und den See.

Und al – les sieht so fried – lich aus
in Wald und Feld und auch am Haus.

Nils, Ah – met, A – bel, Flo – ri – an
die bau – en ei – ne Schlit – ter – bahn.

Und Em – ma liegt im Schnee und lacht.
Den Schnee – en – gel hat sie ge – macht.

Klatsch-Beispiel für 2 Personen – **mit Überkreuzen** (schwierig):

1	2	3	4	5	6	7	8

Winter

1 2 3 4 5 6 7 8

Nun ist es drau – ßen bit – ter – kalt.
Ein klei – nes Reh läuft durch den Wald.
Es fin – det dort kein Fut – ter mehr.
Die Fut – ter – krip – pe ist längst leer.

Schnell läuft es an des Wal – des Rand.
Der Förs – ter hat das Reh er – kannt.
Bringt Fut – ter in den Win – ter – wald.
Die Tie – re fres – sen es schon bald.

Das klei – ne Reh, das freut sich sehr,
es hat nun kei – nen Hun – ger mehr.
Springt schnell nach Haus, schläft glück – lich ein
und träumt vom war – men Son – nen – schein.

Klatsch-Beispiel für 1 Person – **mit Überkreuzen** (schwierig):

1	2	3	4	5	6	7	8

Der Schneemann

1 2 3 4 5 6 7 8

Es hat ge – schneit die gan – ze Nacht.
Der Schnee hat al – les weiß ge – macht.
Die Bäu – me glit – zern wun – der – voll
und Kin – der ru – fen: „Oh, wie toll!"
Sie wol – len ei – nen Schnee – mann baun,
die Na – se rot, die Au – gen braun.
Nun steht er da, der kal – te Mann,
und al – le sehn ihn strah – lend an.
Doch wenn die Son – ne wie – der scheint,
dann steht der Schnee – mann da und weint.

Klatsch-Beispiel für 2 Personen – **mit Überkreuzen** (schwierig):

1	2	3	4	5	6	7	8

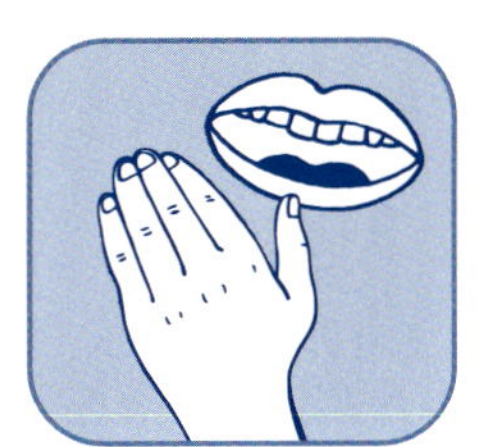

3. Silben-Klatschspiele

Einführung

Die folgenden Verse entstanden in Anlehnung an den bekannten Reim „Meine Mu, meine Mu, meine Mutter schickt mich her“. Sie eignen sich sowohl **für ein einzelnes Kind als auch für eine Gruppe von Kindern**.

Die Kinder sitzen im Kreis (oder am Tisch). Sie sprechen den Vers und klatschen dabei die Silben mit. **Jede fett gedruckte Silbe wird lauter geklatscht.**

Viel Freude bereitet es den Kindern, mit den Händen/Fäusten rhythmisch auf den Tisch zu schlagen.

Wer auch aus diesen Versen ein Klatschspiel machen möchte, kann gern so vorgehen:

1 2 3 4 5 6
Mei – ne **Mu**, mei – ne **Mu**,

7 8 9 10 11 12 13
mei – ne **Mut** – ter schickt mich **her** …

Ansonsten gilt auch hier: ausprobieren und Spaß haben!

Meine Mutter

Mei –	ne	**Mu**,	mei –	ne	**Mu**,	
mei –	ne	**Mut** –	ter	schickt	mich	**her**,
ob	der	**Ku**,	ob	der	**Ku**,	
ob	der	**Ku** –	chen	fer –	tig	**wär**.
Wenn	er	**no**,	wenn	er	**no**,	
wenn	er	**noch**	nicht	fer –	tig	**wär**,
käm	ich	**mor**,	käm	ich	**mor**,	
käm	ich	**mor** –	gen	wie –	der	**her**.

(traditionell[3])

[3]Aus: Kühn, Maria (Hrsg.): Macht auf das Tor – Alte deutsche Kinderlieder. Königstein im Taunus 1905.

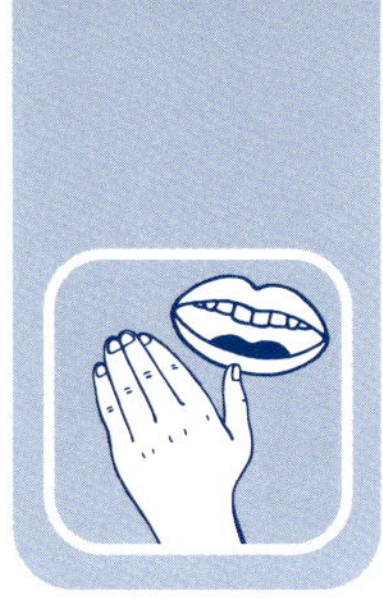

Auf der Mauer

Auf der **Mau**, auf der **Mau**,
auf der **Mau** – er ir – gend – **wo**
saß der **Bau**, saß der **Bau**,
saß der **Bau** – er und war **froh**.
Und er **sa**, und er **sa**,
und er **sag** – te zu dem **Hund**:
„Schau, die **Blu**, schau, die **Blu**,
schau, die **Blu** – men blü – hen **bunt**.“

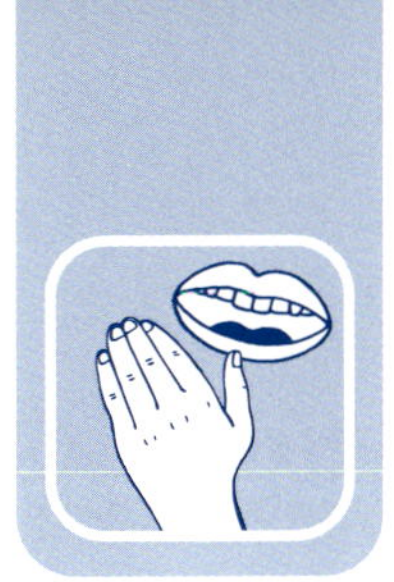

Das Reh

Lei –	se	**pie**,	lei –	se	**pie**,	
lei –	se	**pie** –	sel –	te	das	**Reh**,
gel –	be	**Spu**,	gel –	be	**Spu**,	
gel –	be	**Spu** –	ren	in	den	**Schnee**.
Und	der	**tau**,	und	der	**tau**,	
und	der	**tau** –	te	ganz	schnell	**weg**.
Üb –	rig	**blieb**,	üb –	rig	**blieb**,	
üb –	rig	**blieb**	nur	sehr	viel	**Dreck**.

(mit freundlicher Genehmigung von Birgit Dömer)

Meine kleine Katz

Mei –	ne	**klei**,	mei –	ne	**klei**,	
mei –	ne	**klei** –	ne	Mie –	ze –	**katz**
ist	der	**all**,	ist	der	**all**,	
ist	der	**al** –	ler –	größ –	te	**Schatz**,
denn	sie	**fä**,	denn	sie	**fä**,	
denn	sie	**fängt**	vor	uns –	rem	**Haus**
täg –	lich	**ei**,	täg –	lich	**ei**,	
täg –	lich	**ei** –	ne	fet –	te	**Maus**.

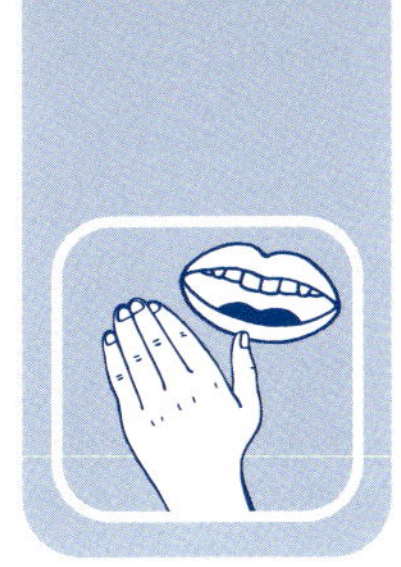

Der Wind

Wenn	der	**Wi**,	wenn	der	**Wi**,	
wenn	der	**Wind**	fegt	ü –	bers	**Dach**,
ma –	chen	**all**,	ma –	chen	**all**,	
ma –	chen	**al** –	le	Kin –	der	**Krach**.
Und	sie	**ru**,	und	sie	**ru**,	
und	sie	**ru** –	fen	laut:	„Oh,	**Schreck**!
Mei –	ne	**Müt**,	mei –	ne	**Müt**,	
mei –	ne	**Müt** –	ze	fliegt	schon	**weg**!“

Unser Drachen

Un –	ser	**Dra**,	un –	ser	**Dra**,	
un –	ser	**Dra** –	chen	ist	ganz	**bunt**.
Und	er	**hat**,	und	er	**hat**,	
und	er	**hat**	'nen	brei –	ten	**Mund**.
Wenn	er	**ta**,	wenn	er	**ta**,	
wenn	er	**tanzt**	im	Som –	mer –	**wind**,
ja,	dann	**freut**,	ja	dann	**freut**,	
ja,	dann	**freut**	sich	je –	des	**Kind**.

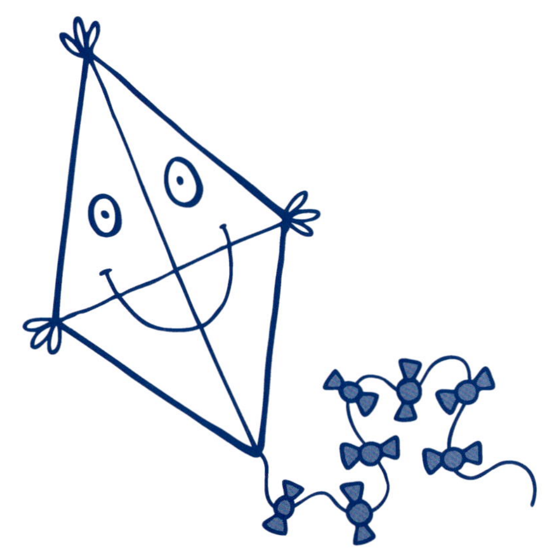

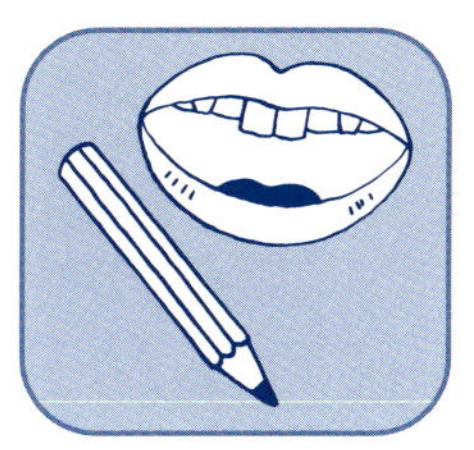

4. Sprechzeichnen

Einführung

Spaßgedichte zum Sprechzeichnen unterstützen spielerisch den **Sprach- und Grammatikerwerb**.

Die Kinder üben, Sprache und Bewegung zunehmend genauer aufeinander abzustimmen. Damit legen sie den Grundstein für das **Erkennen von Sprechsilben**. Das **Lesen- und Schreibenlernen** wird unterstützt.

Die Bewegungen können anfangs groß sein und mit dem ganzen Arm (oder Bein) ausgeführt werden. Sie können im Wohnzimmer, im Gruppen- oder Klassenraum, mit einem Kind oder mit einer Gruppe von Kindern durchgeführt werden.

Für Schwungübungen (Kreis, Schaukel, Mond, Bogen) eignen sich auch Tücher oder Seile.

Wenn Sie den ausgewählten Sprechzeichenvers kopieren, kann das Kind **das Muster** direkt zum Zeichnen verwenden. Sie können es natürlich auch **selbst beliebig vergrößern** oder selbst **aufmalen**.

Bei den ersten Sprechzeichenversen gibt es noch keine festen Regeln. Es wird so gesprochen, dass man am Ende der Zeile auch am Ende der Form angekommen ist. Dabei können durchaus auch mehrere Bewegungen ausgeführt worden sein.

Später folgende Verse beachten dann konsequent die Silben.

Die Auswahl der Materialien zum Zeichnen richtet sich nach dem Alter des Kindes. Je jünger es ist, desto größer können die Blätter und desto weicher die Stifte sein. Lesen Sie hierzu bei Bedarf auch noch einmal die Hinweise unter „Was Sie noch wissen sollten“ (S. 6).

Und auch hier gilt:
Denken Sie sich zu den Formen eigene fantasievolle Reime aus.
Wenn Sie möchten, machen Sie aus dem Sprechzeichenvers einfach mal ein lustiges Gedicht.

Mari, mara, marule

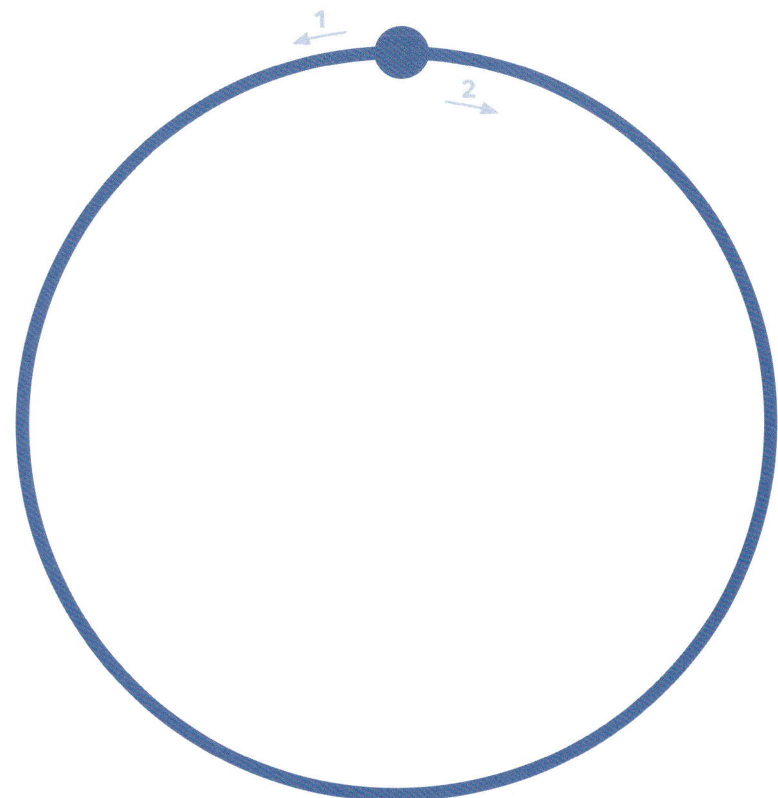

Wir fangen ganz langsam an. Hier muss noch nicht darauf geachtet werden, dass jede Bewegung genau mit dem Sprechen einer Silbe einhergeht. Das Kind kreist und spricht dabei.

1 Mari, mara, marule, ich gehe in die Schule.
2 Mari, mara, maru, ich höre ganz gut zu.
1 Mari, mara, marei, ich zähle jetzt bis drei.
2 Mari, mara, maraus, dann laufe ich nach Haus.

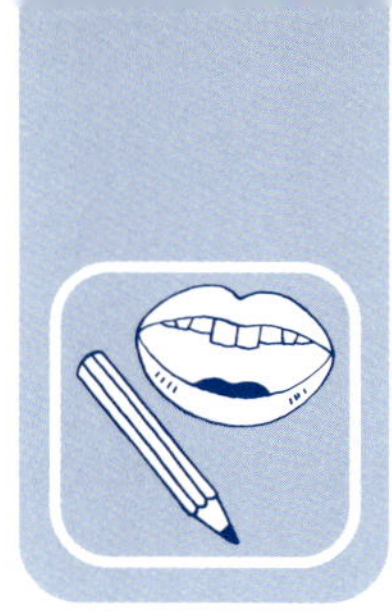

Im Zoo (1/2)

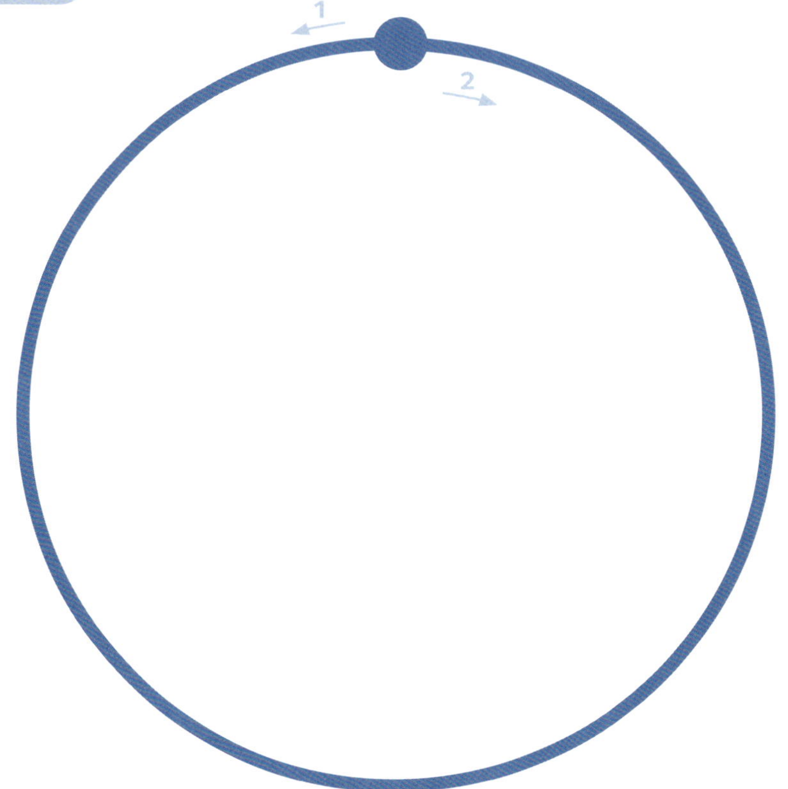

Wir fangen ganz langsam an. Hier muss noch nicht darauf geachtet werden, dass jede Bewegung genau mit dem Sprechen einer Silbe einhergeht. Das Kind kreist und spricht dabei.

1 In Dresden gibt es einen Zoo,
2 darin sind alle Tiere froh:
1 Die Enten und die Puten,
2 die wackeln mit den Schnuten.
1 Die Bären und die Affen,
2 die tanzen mit Giraffen.

Im Zoo (2/2)

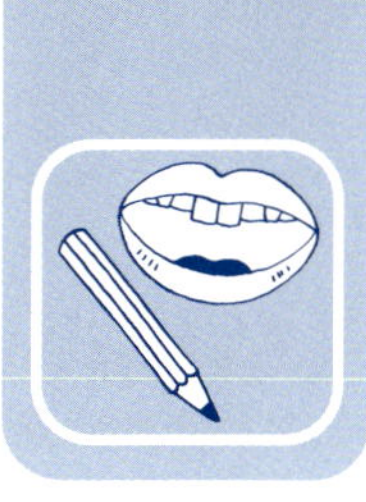

1 Die Zebras und die Löwen,
2 die fliegen wie die Möwen.
1 Der Tiger und der Wolf,
2 die spielen Minigolf.
1 Der Pinguin sonnt sich am Pool.
2 Er findet Sonnenbaden cool.
1 Der Papagei, der spiegelt sich.
2 Er ruft: „Der Schönste, der bin ich!"

1 Der Igel und das Stachelschwein,
2 die putzen ihre Stacheln fein.
1 Das Krokodil, das träumt im Sand
2 von einem schönen, warmen Land.
1 Der Eisbär mag es lieber kühl.
2 Er schleckt gern Eis – doch nicht zu viel.
1 Die Kinder und die Tanten,
2 die mögen Elefanten.
1 Das Nashorn und das Känguru,
2 die machen schnell die Augen zu.

Die Schaukel

Das Kind übt sich im rhythmischen Sprechen. Es führt die Bewegung aus und spricht dabei.

1	2
Schaukle hin	und schaukle her,
wie ein klei –	ner Teddybär.
Schaukle höher,	schaukle weiter,
spring hinab,	so wie ein Reiter.

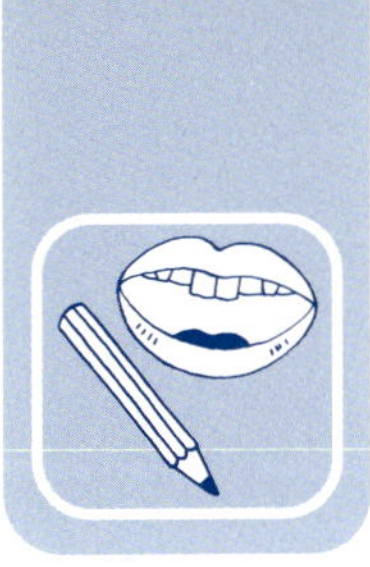

Die Vögel

Nun beachten wir beim Schwingen die Silben. Jede Silbe wird so langsam gesprochen, dass sie genau dann endet, wenn der Stift am Ende der Form angekommen ist.

1	2	1	2	1	2	1	2
Drei	Vö –	gel	sa –	ßen	auf	dem	Ast.
Der	ers –	te	hat	nicht	auf –	ge –	passt.
Er	fiel	nach	un –	ten	in	den	Dreck.
Nun	hat	er	ei –	nen	schwar –	zen	Fleck.

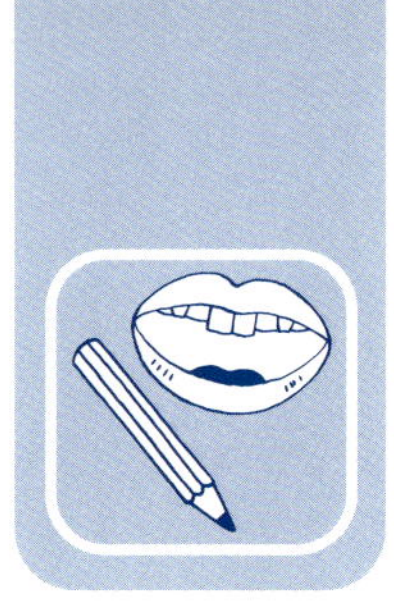

Der Regenbogen

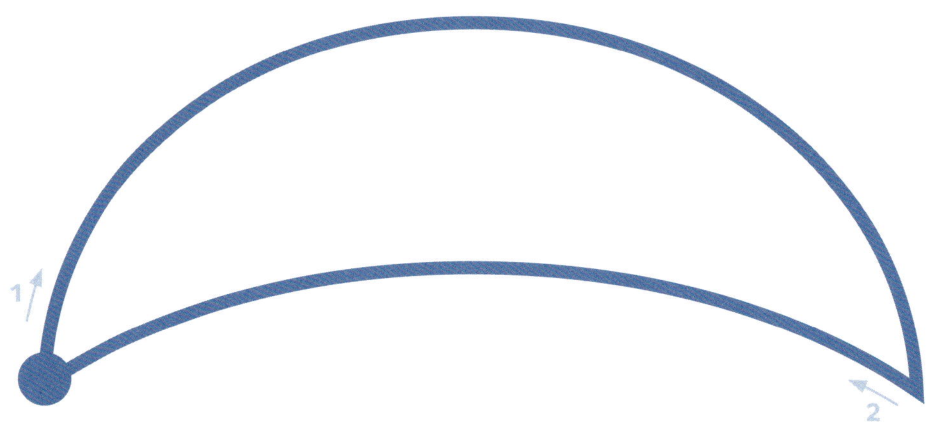

1	2	1	2	1	2	1	2
Wenn	hell	am	Tag	die	Son –	ne	scheint
und	da –	zu	auch	der	Him –	mel	weint,
dann	kannst	du	ihn	dort	o –	ben	sehn:
den	Re –	gen –	bo –	gen.	Wun –	der –	schön!

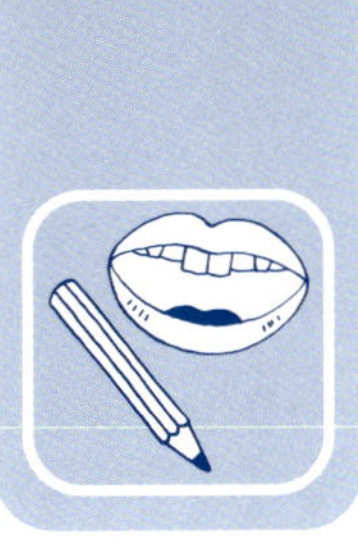

Der gute Mond

1	2	1	2	1	2	1	2
Seht	euch	den	gu –	ten	Mond	mal	an,
wie	sehr	er	sich	ver –	än –	dern	kann.
Mal	ist	er	rund,	so	wie	ein	Ball,
und	dann	auf	ein –	mal	wie –	der	schmal.
Um	uns –	re	Er –	de	dreht	er	sich,
ist	mal	im	Dunk –	len,	mal	im	Licht.

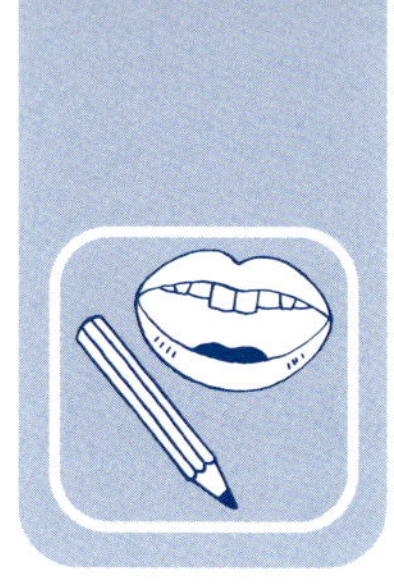

Der Zwerg

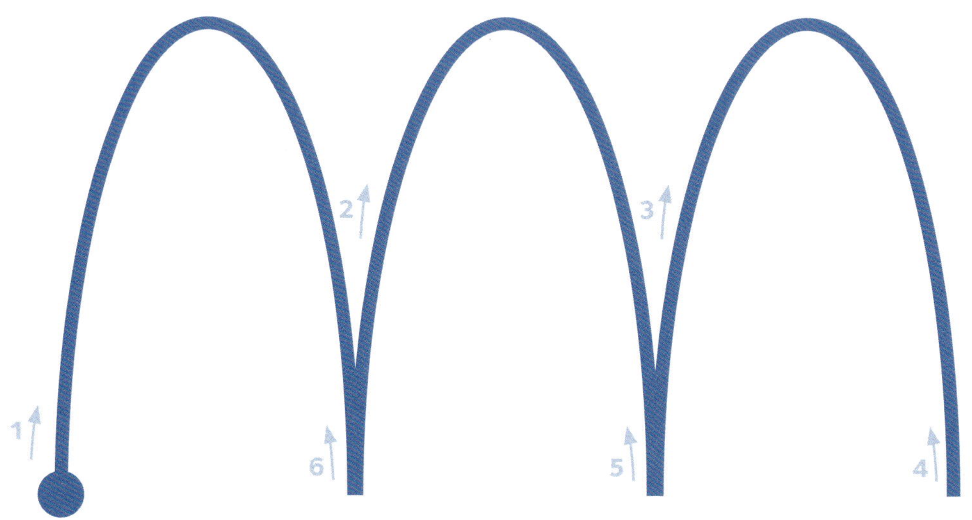

1	2	3	4	5	6
Auf	dem	Berg	wohnt	ein	Zwerg.
Berg	ist	groß,	Zwerg	geht	los.
Auf	dem	Berg	ist	kein	Zwerg.
Schläft	am	Teich.	Gras	ist	weich.

Über Berg und Tal

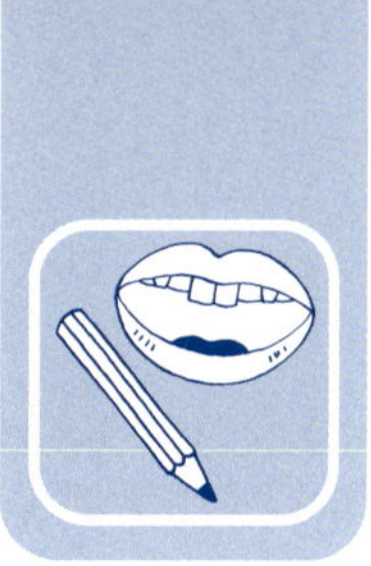

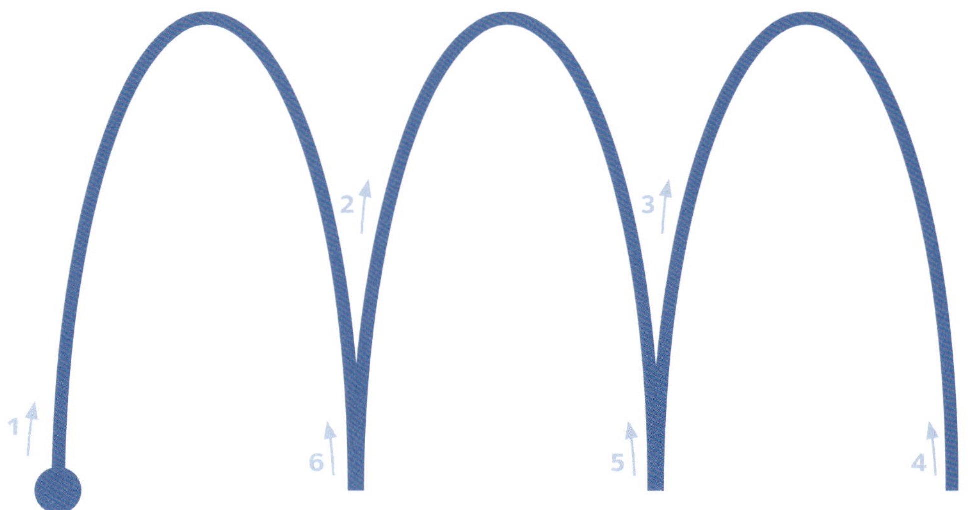

1	2	3	4	5	6
Ein	Pferd	steht	hin –	term	Zaun.
Es	will	die	Welt	an –	schaun.
Drum	springt	es,	hopp,	hopp,	hopp,
da –	rü –	ber	im	Ga –	lopp.
Läuft	ü –	ber	Berg	und	Tal,
wohl	an	die	tau –	send	Mal.
Hat	es	ge –	nug	ge –	sehn,
wird	es	nach	Hau –	se	gehn.

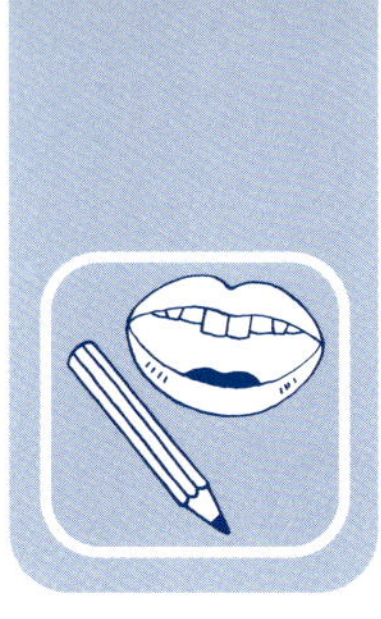

Wir malen ein Dach

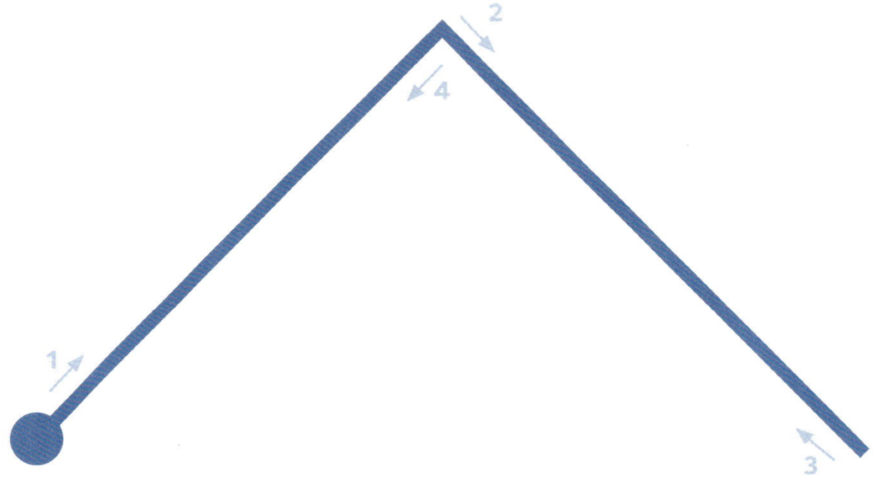

1	2	3	4	
Auf	je –	des	Haus	
ge –	hört	ein	Dach,	
das	ist	mal	spitz	
und	manch –		mal	flach.
Nun	ma –	le	ich	
ein	schö –		nes	Haus.
Und	wenn	du	willst,	
dann	guck	ich	raus.	

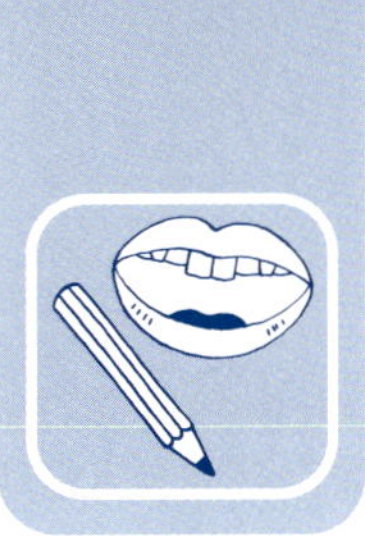

Im Bus

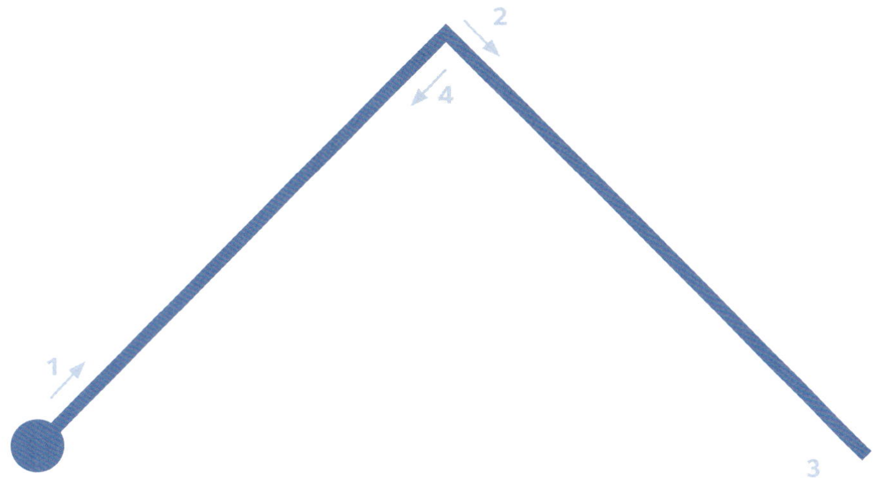

1	2	3	4
Ich	sitz	im	Bus.
Ich	glaub,	ich	muss
mal	schnell	aufs	Klo,
weiß	nur	nicht,	wo.

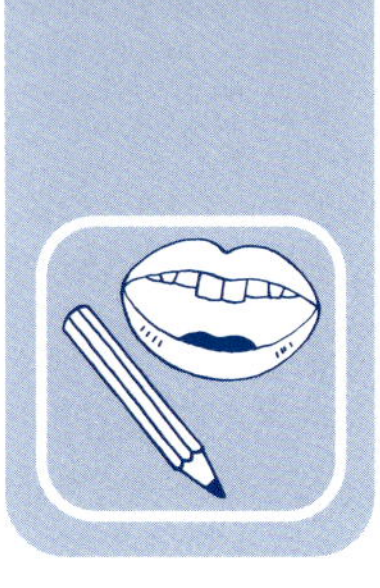

Waldspaziergang

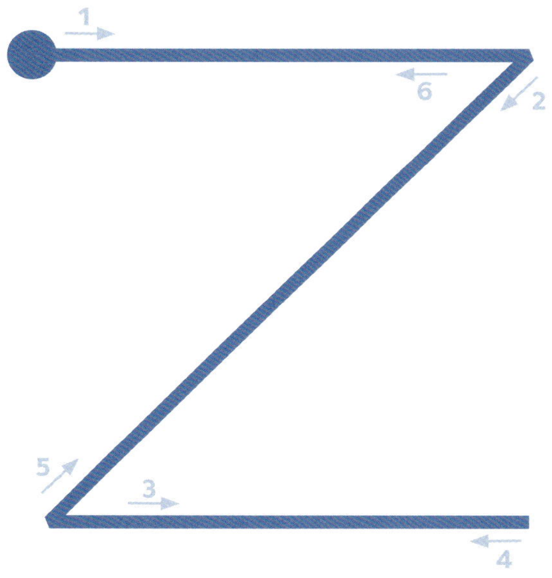

1	2	3	4	5	6
Hier	im	Wald	ist	es	kalt.
Dort	am	See	steht	ein	Reh.
Lau –	fen	hin,	lau –	fen	her,
se –	hen	dann	im –	mer	mehr.
Vo –	gel	singt,	Ha –	se	springt.
Pilz	im	Gras.	Das	macht	Spaß.

Bunte Welt im Zickzack

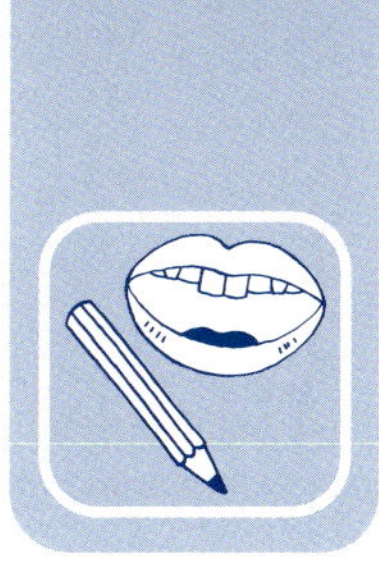

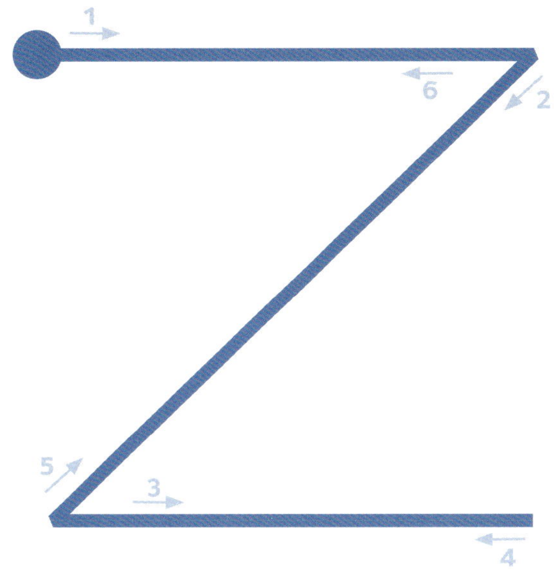

1	2	3	4	5	6
Kat –	ze	schnurrt,	Hund,	der	knurrt.
En –	te	schwimmt.	Ja,	das	stimmt.
Blu –	me	blüht,	Feu –	er	glüht.
Eis	ist	kalt,	E –	cho	hallt.
Ball	ist	rund.	Welt	ist	bunt.
Spiel	ist	toll.	Wun –	der –	voll.

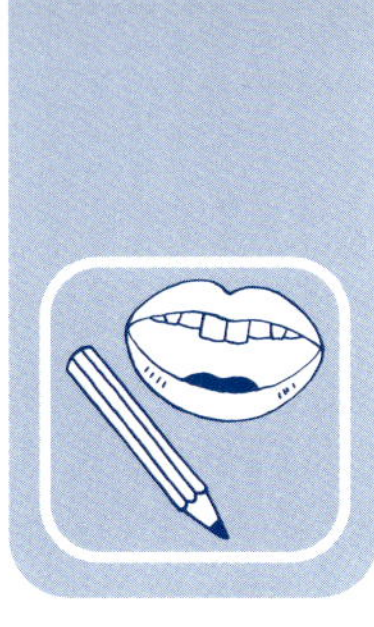

Unser Haus

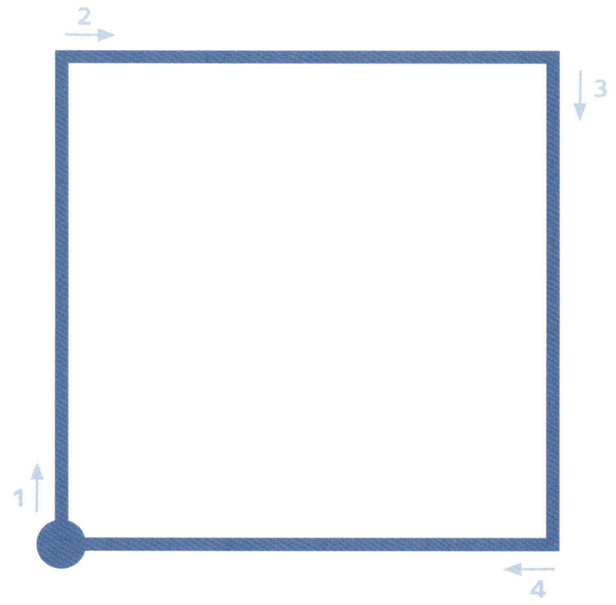

1	2	3	4
Eins,	zwei,	drei,	vier
Stri –	che	sind	hier.
Und	es	sieht	aus
wie	un –	ser	Haus.
Fens –	ter	da –	zu,
das	kannst	auch	du.
Eins,	zwei,	drei,	vier,
hier	woh –	nen	wir.

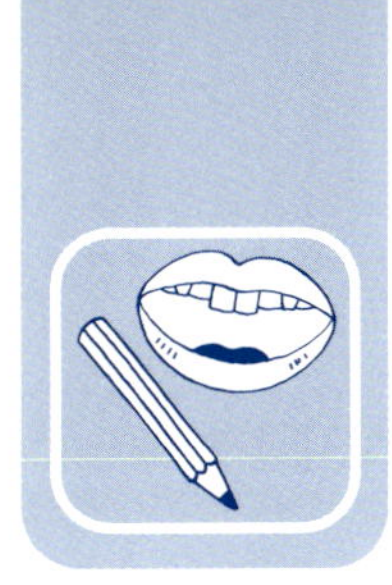

Der Regen

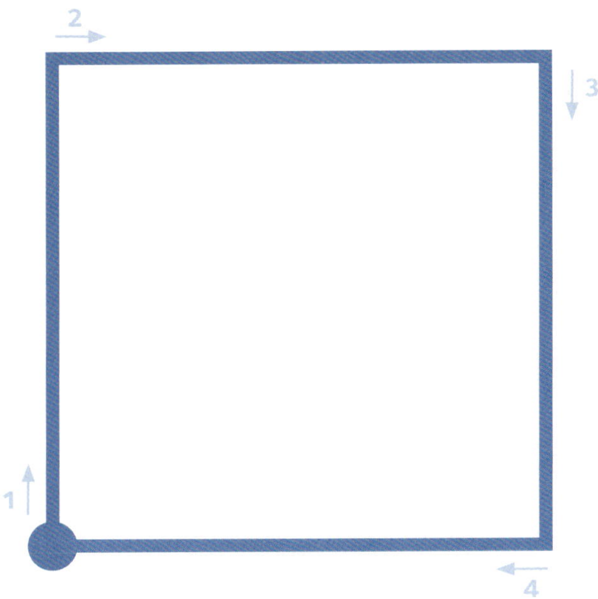

1	2	3	4
Es	reg –	net	schon
vier	Stun –	den	lang.
Die	Kin –	der	sit –
zen	auf	der	Bank.
Sie	war –	ten	auf
den	Son –	nen –	schein
und	wol –	len	wie –
der	drau –	ßen	sein.

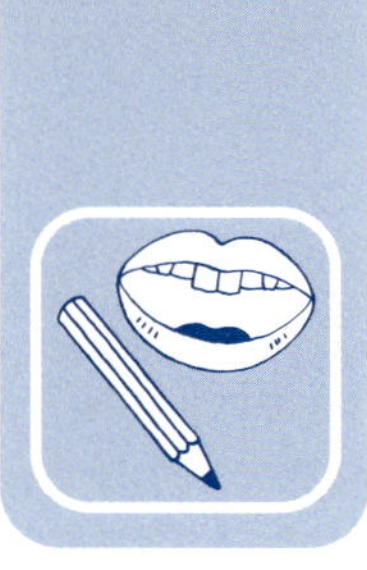

Der Hase (1/2)

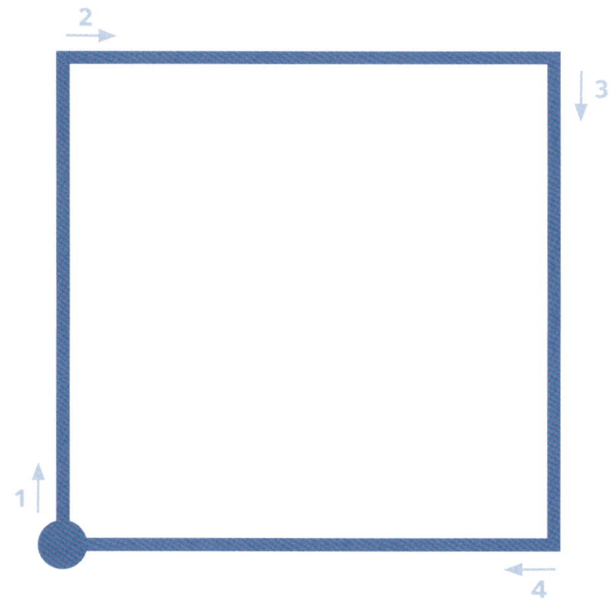

1	2	3	4
Bin	mal	in	den
Wald	ge –	gan –	gen,
woll –	te	ei –	nen
Ha –	sen	fan –	gen.
Kam	ein	Jä –	ger
an –	ge –	lau –	fen,
sag –	te:	„Du	musst
ei –	nen	kau –	fen.

Der Hase (2/2)

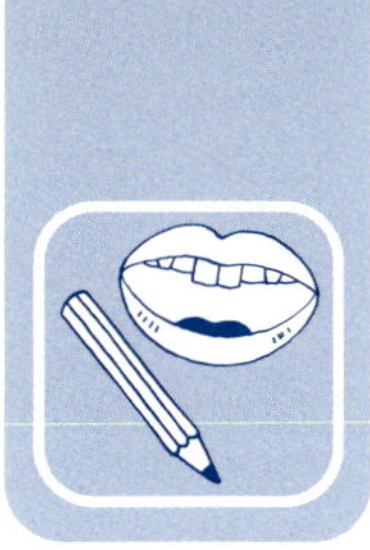

1	2	3	4
Musst	nur	in	die
Stadt	schnell	ge –	hen,
denn	da	gibt	es
viel	zu	se –	hen.
Vö –	gel,	Fi –	sche,
Ha –	sen,	Ma –	den,
kauft	man	in	dem
schö –	nen	La –	den."
Und	ein	klei –	ner
brau –	ner	Ha –	se
sitzt	zu	Hau –	se
nun	im	Gra –	se,
wa –	ckelt	mit	dem
Stum –	mel –	schwänz –	chen,
spielt	mit	mei –	nem
Bru –	der	Häns –	chen.

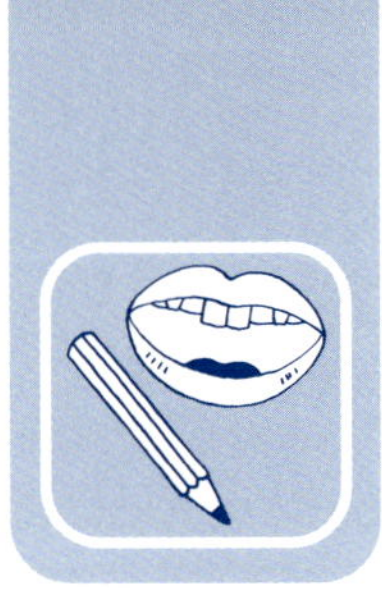

Wir malen Zacken

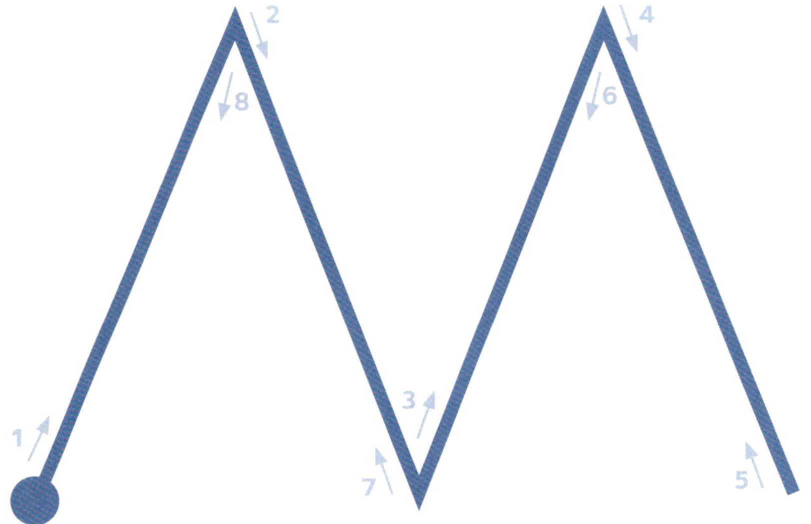

1	2	3	4	5	6	7	8
Komm,	wir	ma –	len	gro –	ße	Za –	cken
8	**7**	**6**	**5**	**4**	**3**	**2**	**1**
und	dann	gehn	wir	Ku –	chen	ba –	cken.

1	2	3	4	5	6	7	8
Komm,	wir	ma –	len	im –	mer	wei –	ter,
8	**7**	**6**	**5**	**4**	**3**	**2**	**1**
das	macht	Spaß	und	wir	sind	hei –	ter.

Die Schifffahrt

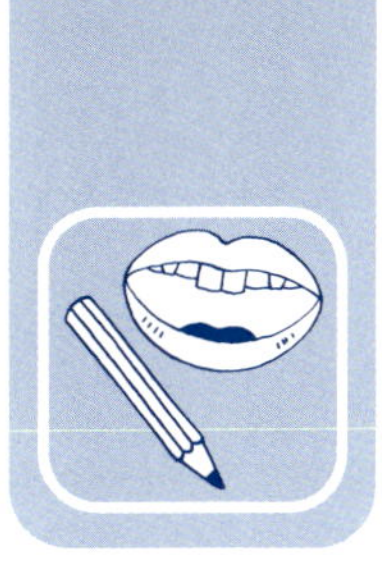

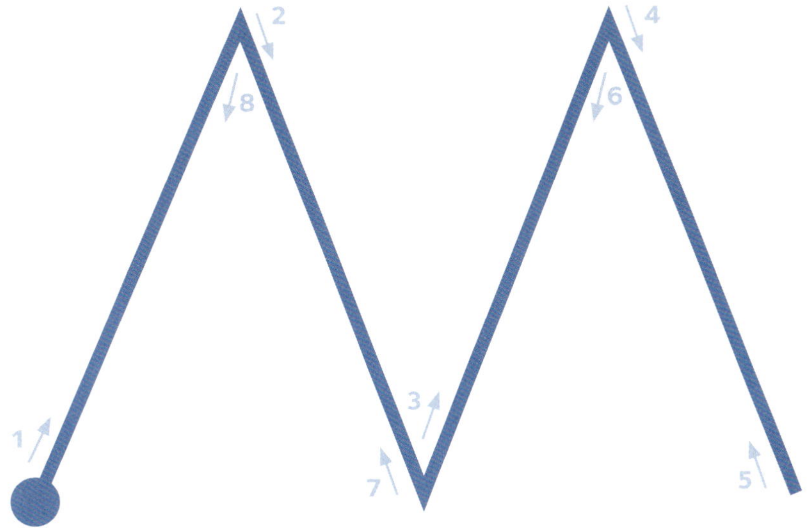

1	2	3	4	5	6	7	8
Das	Schiff,	das	schau –	kelt	auf	dem	Meer.
Die	Kin –	der	freu –	en	sich	da	sehr.
Den	Gro-	ßen	ist	das	nicht	so	recht.
Den	meis –	ten	wird	es	furcht –	bar	schlecht.
Man –	che	sind	nach	ein	paar	Stun –	den
heim –	lich	dann	im	Bett	ver –	schwun –	den.
Und	als	die	Sonn’	am	Him –	mel	steht,
die	Rei –	se	gut	zu	En –	de	geht.

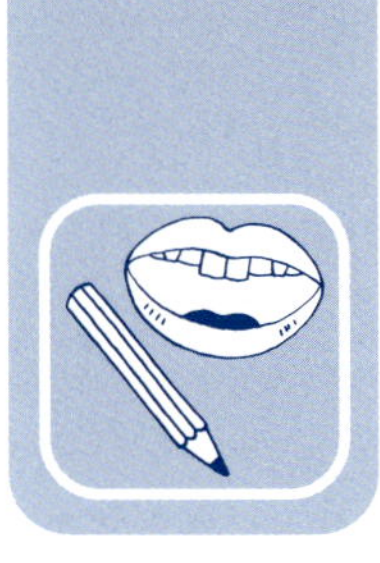

Das Haus

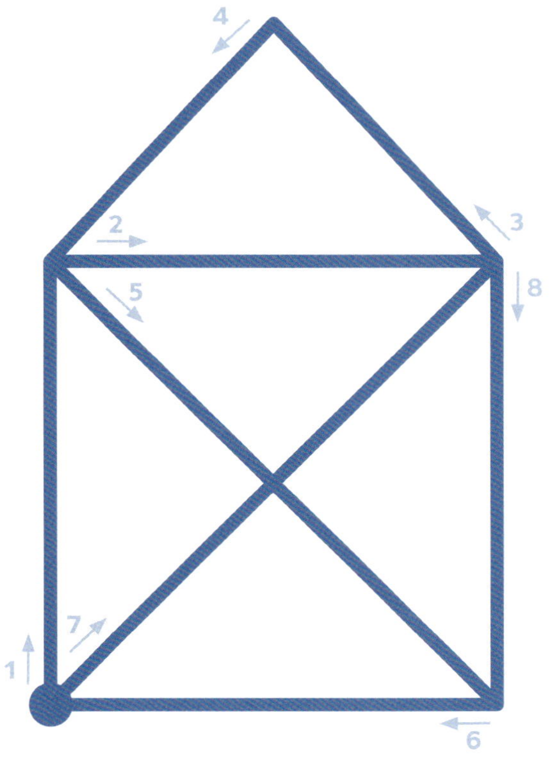

1	2	3	4	5	6	7	8
Das	ist	das	Haus	von	On –	kel	Klaus.
Wer	das	nicht	kann,	fängt	noch	mal	an.
Und	du	wirst	sehn:	Das	Haus	wird	schön.

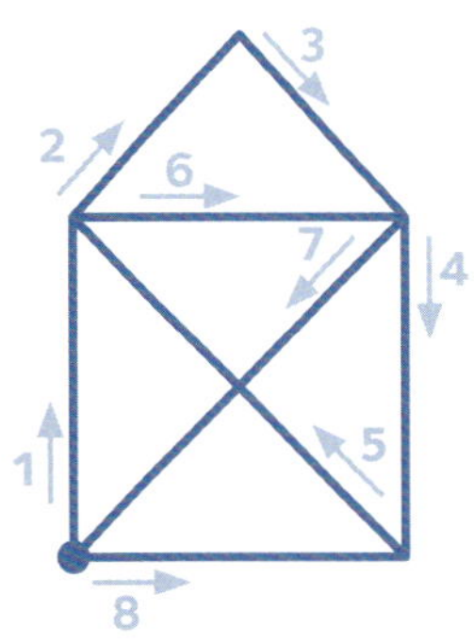

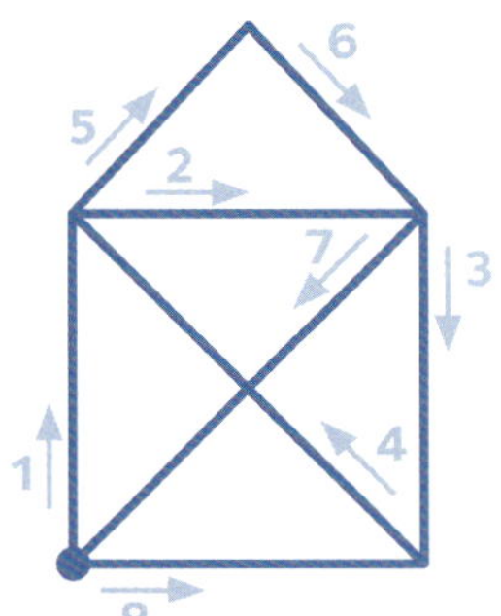

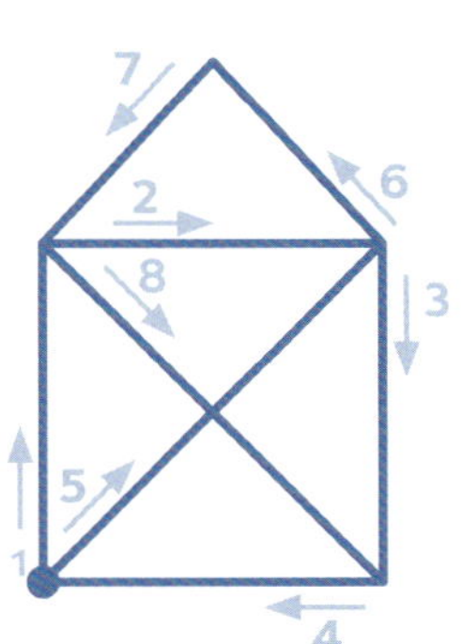

Das Doppelhaus

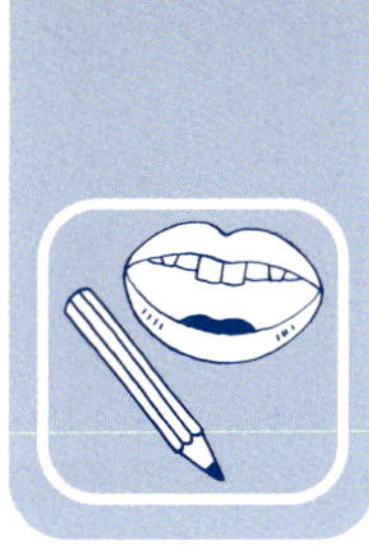

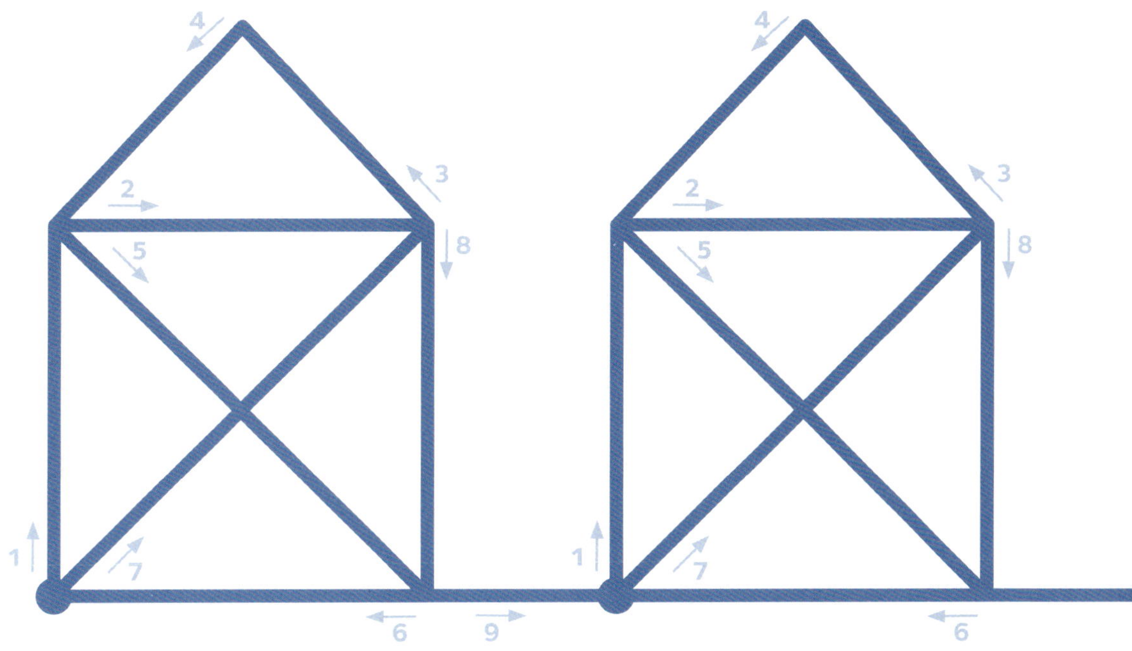

1	2	3	4	5	6	7	8	9
Das	ist	der	Räu –	ber	Tu –	nicht –	gut	**und**
der	hat	'nen	gro –	ßen	Räu –	ber –	hut.	

Das Kind kann einen Räuber mit großem Hut hinter das Haus malen.

Der Rie – se wohnt im gro – ßen Haus **und**
das Nach – bar – haus ge – hört der Maus.

Wohnt ein Kö – nig auf dem Schlos – se, **der**
rei – tet gern auf sei – nem Ros – se.

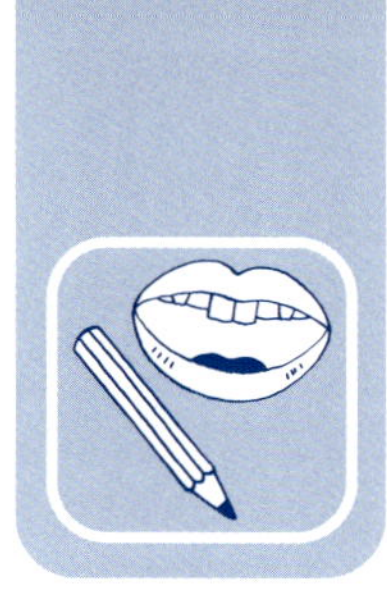

Der achteckige Stern

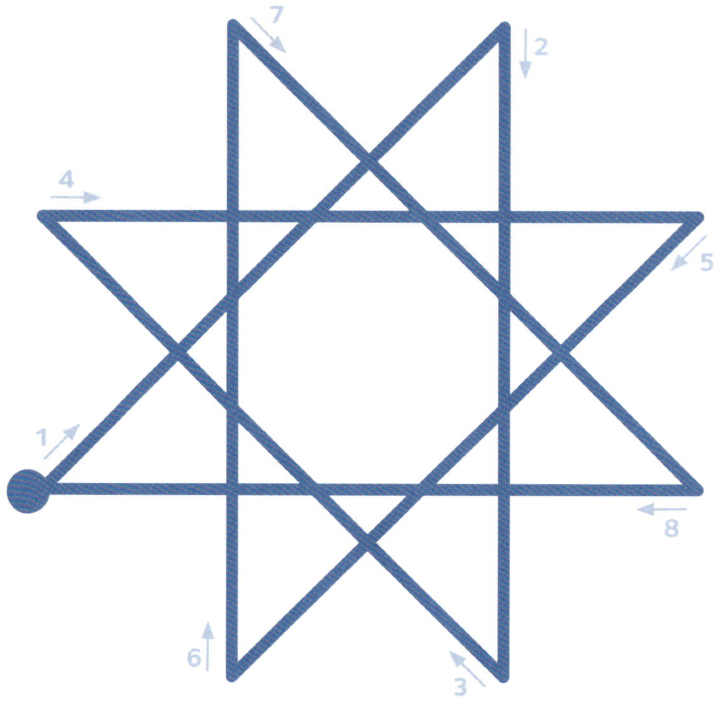

1	2	3	4	5	6	7	8
Das	ist	ein	acht –	e –	cki –	ger	Stern.
Komm,	wir	ma –	len	vie –	le	Ster –	ne.
Und	dann	schaun	wir	in	die	Fer –	ne.

Der Stern am Himmel

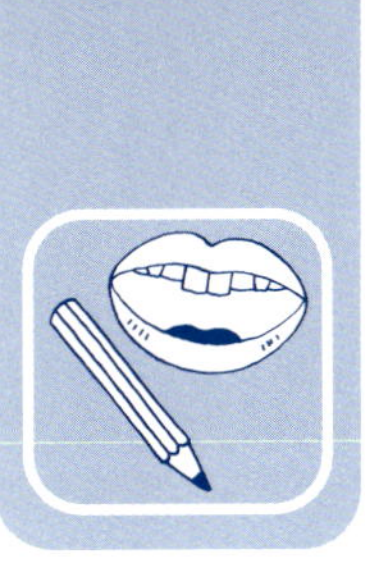

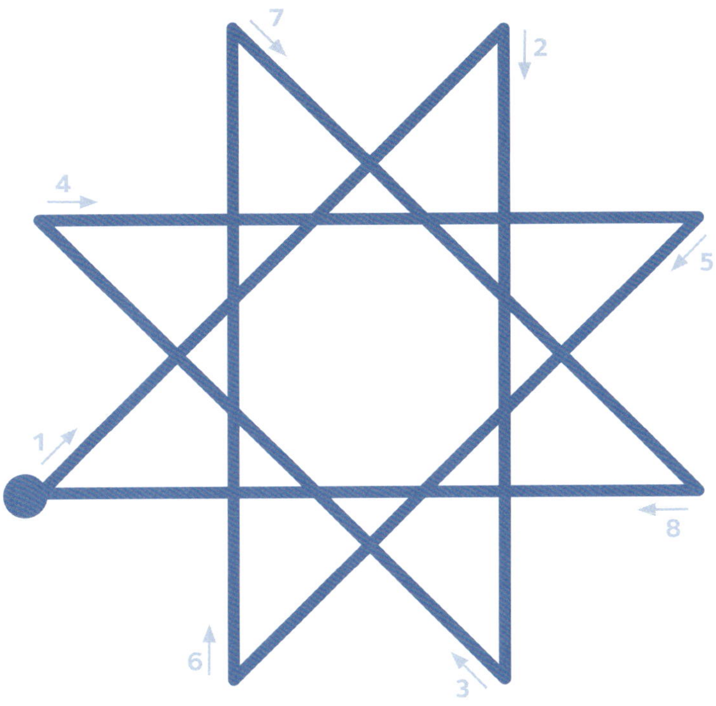

1	2	3	4	5	6	7	8
Am	Him –	mel	leuch –	tet	hell	ein	Stern.
Er	will	mir	sa –	gen:	„Hab	dich	gern.
Denk	nur	an	dich.	Ver –	giss	mich	nicht!“

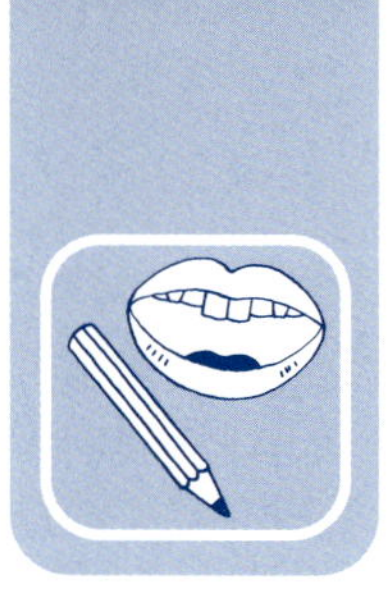

Die liegende Acht

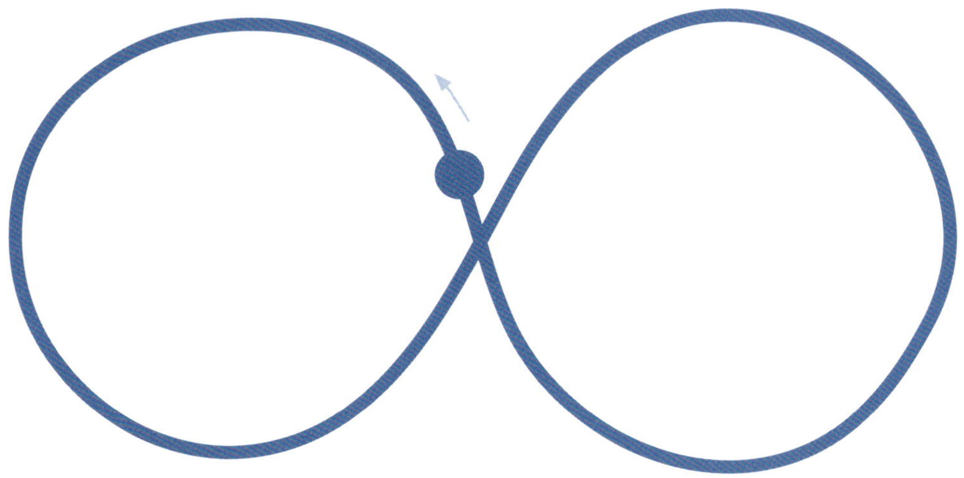

Das Blatt liegt mittig vor dem Kind. Der Stift wird am dicken schwarzen Punkt angesetzt. Wir beginnen unsere Bewegung nach links oben. Die Sprache ist fließend und rhythmisch. Diese Übung unterstützt die Vernetzung beider Gehirnhälften und kann auch im Gruppenraum mit großen Bewegungen durchgeführt werden.

Wir malen die Acht, das wär doch gelacht.

Wir malen noch mehr, denn das freut uns sehr.

Räder drehen sich im Kreise; sind mal laut und sind mal leise.

Und wenn man eine Panne hat, ja, dann sind die Reifen platt.

Der kleine Osterhase

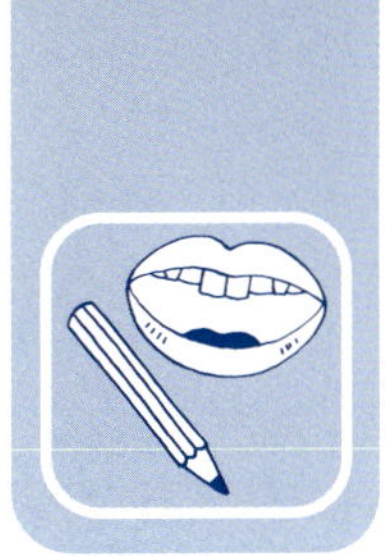

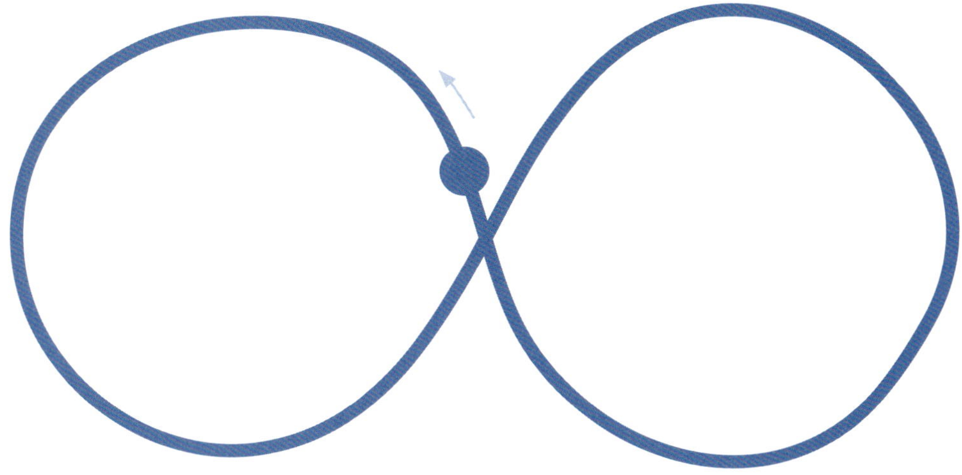

Das Blatt liegt mittig vor dem Kind. Der Stift wird am dicken schwarzen Punkt angesetzt. Wir beginnen unsere Bewegung nach links oben. Die Sprache ist fließend und rhythmisch.

Eine Brille für die Nase
braucht der kleine Osterhase.
Kann die Eier nun bemalen,
kleckert nicht mehr auf die Schalen.

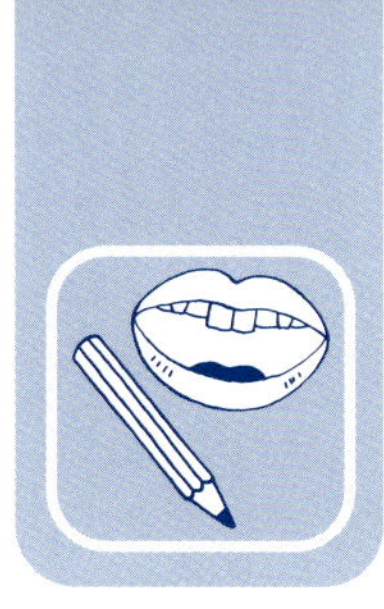

Die Schnecke

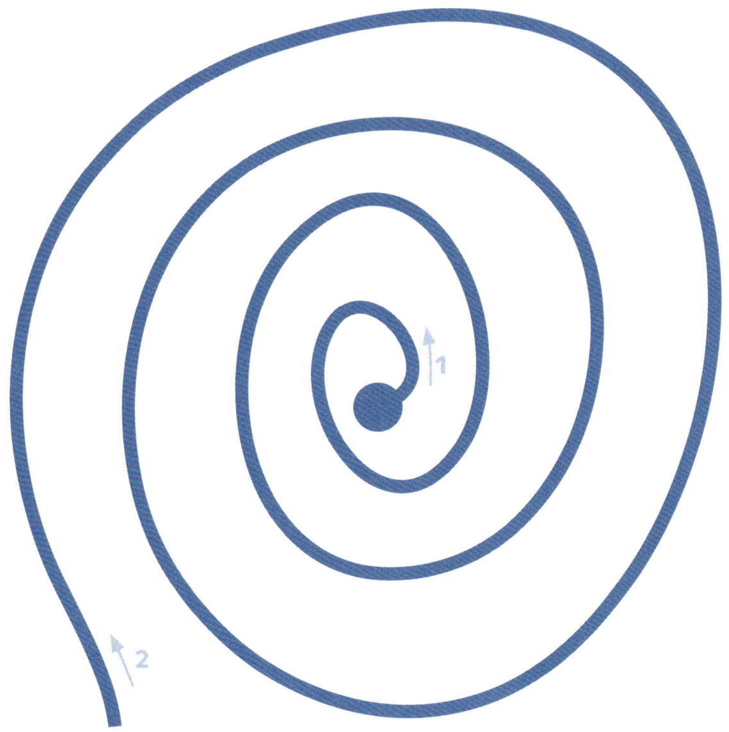

1 Ich male eine Schnecke,

2 die kriecht unter die Hecke.

1 Sie ist sehr stark, denn sieh mal an,

2 wie sie ihr Häuschen tragen kann.

5. Reimwörter und Gegensätze

besonders geeignet
für DaZ

Einführung

Kinder unterschiedlicher Nationalität in ihrem Alltag zu begleiten und bei ihrer Integration zu unterstützen, kann für die Pädagog*innen in Kindergärten und Schulen herausfordernd sein. Bei ihrer Ankunft in Deutschland verfügen viele Kinder noch über keine oder nur wenige Deutschkenntnisse. Zudem hat ihre Erstsprache häufig einen anderen Klang und Sprechrhythmus. Mit unserer Arbeit verfolgen wir das Ziel, diesen Kindern einen einfachen Zugang zu Deutsch als Zweitsprache zu ebnen.

In diesem Kapitel werden bewusst **bekannte Reimwörter ausgewählt**. Die Reime sind kurz und einprägsam. Sie werden im gedruckten Reim visuell verstärkt.
Einfache, wiederkehrende Satzteile machen die Kinder mit dem Sprechrhythmus der deutschen Sprache vertraut. So lernen sie spielend die Betonung und entwickeln ein Gefühl für den richtigen Sprachklang.
Um ein möglichst umfassendes Angebot an Reimwörtern anzubieten, werden diese unterteilt in:

Nomen	Haus – Maus	Hand – Wand
Verben	gehen – sehen	laufen – saufen
Adjektive	alt – kalt	heiß – weiß

Eine Auflistung der enthaltenen Reimwörter und Gegensätze in der Reihenfolge ihres Auftretens im Buch finden Sie auf der folgenden Seite.

Zur Unterstützung des Wortschatz-Aufbaus werden zu den Reimpaaren **Bilder zum Download** angeboten. Diese werden mit dem Wortbild versehen.

Durch die Verbindung Wort/Bild haben sowohl die Eltern jüngerer Kinder als auch Schulkinder die Möglichkeit:

- die Reimwort-Bilder zu sehen,
- die Reim-Wörter zu lesen,
- beim Benennen die Reim-Wörter zu hören.

Alle Reime können natürlich wieder mit einem Klatschrhythmus begleitet werden. Klatschen Sie dazu einfach im Silbenrhythmus oder wählen Sie beliebige Varianten aus den Vorschlägen (S. 9 ff. oder im Download) aus.

Übersicht über Reimwörter und Gegensätze

Verben

summen	brummen
tauchen	fauchen
singen	springen
schnurren	knurren
spucken	gucken
bauen	kauen
sehen	wehen
riechen	kriechen
sprechen	brechen
winken	trinken
laufen	kaufen
waschen	naschen
gießen	fließen
pflanzen	tanzen
finden	binden
malen	zahlen
leimen	reimen

Adjektive

neu	alt
heiß	kalt
hoch	tief
gerade	schief
kurz	lang
gesund	krank
dunkel	hell
langsam	schnell
leicht	schwer
voll	leer
arm	reich
hart	weich

Nomen (und andere)

Maus	Haus
Kuh	Schuh
Kopf	Topf
Eule	Beule
Pferd	Herd
Schaf	brav
Gras	Glas
Buch	Tuch
Reiter	Leiter
Land	Band
Haus	Maus
Rose	Dose
Tisch	Fisch
Pfanne	Kanne
Mund	Hund
Schal	Wal

Tiere unter sich

Bienen können **summen**.
Bären können **brummen**.

Enten können **tauchen**.
Löwen können **fauchen**.

Vögel können **singen**.
Frösche können **springen**.

Katzen können **schnurren**.
Hunde können **knurren**.

Lamas können **spucken**,
Eulen nachts gut **gucken**.

Spinnen können Netze **bauen**.
Kühe können Gräser **kauen**.

Ja, das stimmt (1/2)

Mit den Augen kann man **sehen**
und die Fahne, die kann **wehen**.

Mit der Nase kann man **riechen**
und die Schnecke, die kann **kriechen**.

Mit dem Mund, da kann man **sprechen**
und ein Stöckchen kann man **brechen**.

Mit den Händen kann man **winken**.
Aus der Tasse kann man **trinken**.

Mit den Beinen kann man **laufen**.
Neue Socken kann man **kaufen**.

Seinen Körper kann man **waschen**
und die Bonbons kann man **naschen**.

Ja, das stimmt (2/2)

Alle Blumen kann man **gießen**
und das Wasser, das kann **fließen**.

Kleine Bäumchen kann man **pflanzen**
und bei Festen kann man **tanzen**.

Neue Häuser kann man **bauen**
und das Essen kann man **kauen**.

Eine Muschel kann man **finden**.
Eine Schleife kann man **binden**.

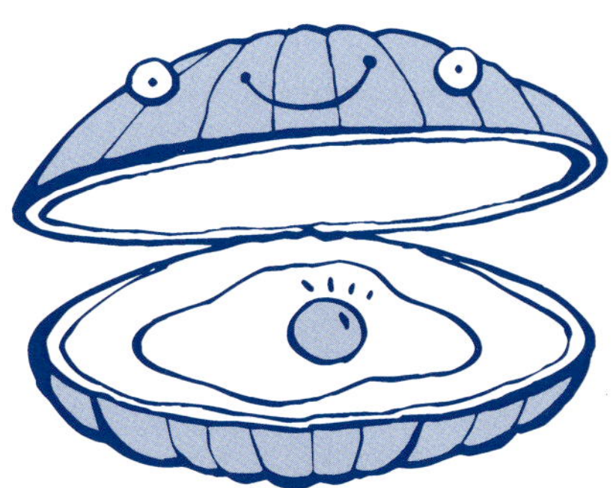

Schöne Tiere kann man **malen**.
An der Kasse kann man **zahlen**.

Holz und Pappe kann man **leimen**
und wer will, kann weiter **reimen**.

So ist es

In jedem 4er-Vers gibt es die Kombination:
Zeilen 1 und 2 bzw. 3 und 4: ***Gegensätze***
Zeilen 2 und 4: ***Reimwörter***
Wer möchte, kann also auch nur reimen, d. h. die Zeilen 2 und 4 sprechen.

1 Die Puppe ist **neu**.
2 Der Bär, der ist **alt**.
3 Das Feuer ist **heiß**
4 und das Eis, das ist **kalt**.

Der Turm ist sehr **hoch**.
Das Wasser ist **tief**.
Die Mauer ist **gerade**
und ein Baum manchmal **schief**.

Ein Band ist oft **kurz**.
Eine Straße ist **lang**.
Ein Mensch ist **gesund**
und ein anderer **krank**.

In der Nacht ist es **dunkel**.
Am Tag ist es **hell**.
Die Schnecke ist **langsam**
und das Auto ist **schnell**.

Die Feder ist **leicht**.
Das Eisen ist **schwer**.
Das Glas ist **voll**
und die Flasche ist **leer**.

Ein Bettler ist **arm**.
Ein König ist **reich**.
Ein Stein ist **hart**
und ein Kissen ist **weich**.

Es ist, wie es ist

Die Verse können ähnlich einem Rap rhythmisch gesprochen werden.

Ich habe eine Hose.
Die Hose, die ist **neu**.
Ich kann dir gar nicht sagen,
wie ich mich drüber **freu**.

Ich hab auch eine Jacke.
Die Jacke, die ist **alt**.
Die brauch ich nur im Winter,
denn dann ist es sehr **kalt**.

Im Ofen brennt dann Feuer.
Das Feuer, das ist **heiß**.
Damit darf man nicht spielen,
wie doch ein jeder **weiß**.

Ich spiele gern im Wasser
und spritze alle **nass**.
Auch wenn die Großen schimpfen,
die Kleinen haben **Spaß**.

Mein Tag

Morgens früh um **sieben**
bin ich im Bett **geblieben**.
Morgens früh um **acht,**
da hab ich mir **gedacht**:
„Ich stehe auf um **neun**,
dann wird sich Mama **freun**."
Trinke Kakao um **zehn**.
Werd dann zur Schule **gehn**.

Und mittags dann um **zwei**
ess ich ein **Spiegelei**.
Die Zeit vergeht. Es ist schon **vier**
und meine Freunde sind noch **hier**.
Wir laufen um die **Wette**.
Und dann geh ich ins **Bette**.
Ich sage: „Gute **Nacht**!",
und schlafe ein um **acht**.
(Der Tag hat Spaß **gemacht**.)

Reimwortgeschichte (1/2)

Hier bin ich und da bist **du**.
Komm schnell her und hör gut **zu**:

Es war mal eine kleine **Maus**,
die baute sich ein großes **Haus**.

Und in dem Haus, da wohnt 'ne **Kuh**.
Die trägt am liebsten rote **Schuh'**.

Auf ihrem großen, runden **Kopf**,
da hat sie einen blauen **Topf**.

Und in dem Topf, da wohnt 'ne **Eule**,
die hat 'ne dicke graue **Beule**.

Die Eule flattert durch das **Haus**
und findet gar nicht wieder **raus**.

Reimwortgeschichte (2/2)

Und in dem Haus wohnt auch ein **Pferd**,
das kocht gern Suppe auf dem **Herd**.

Am hohen Tisch, im großen **Haus**,
da löffeln sie die Suppe **aus**.

Und in der Ecke liegt ein **Schaf**.
Das ist ganz weiß und immer **brav**.

Es frisst am liebsten grünes **Gras**
und trinkt aus einem schönen **Glas**.

Die Eule bringt der Maus ein **Buch**.
Das wickelt sie ins lila **Tuch**.

Und wenn die Katze frisst die **Maus**,
ja, dann ist die Geschichte **aus**.

Die Traumbaum-Geschichte (1/2)

Hoch oben auf dem Berge,
da steht ein großer Baum.
Wenn du den Baum mal rüttelst,
dann fällt herab ein Traum.

Im Traum siehst du 'nen **Reiter**.
Der sitzt auf einer **Leiter**.
Er reitet durch das **Land**
und schwingt ein buntes **Band**.

Der Reiter hält an einem **Haus**
und er begrüßt die kleine **Maus**.
Er schenkt ihr eine **Rose**.
Die liegt in einer **Dose**.

Die Traumbaum-Geschichte (2/2)

Die Maus sagt: „Reiter, komm zu **Tisch**.
Ich brate einen feinen **Fisch**.
Dazu nehm ich die **Pfanne**
und Kaffee aus der **Kanne**."

Der Reiter öffnet grad den **Mund**,
da kommt ein riesengroßer **Hund**.
Der holt sich von der Maus 'nen **Schal**
für seinen Freund, den kranken **Wal**.

Und plötzlich wirst du wieder **munter**
und steigst den großen Berg **hinunter**.
Denkst noch mal nach, erzählst sie **weiter**,
die Traumgeschichte von dem **Reiter**.

Literaturtipps

Elliott, Amanda:
Mi-Ma-Mundmotorik.
Verlag an der Ruhr, 2013.
ISBN 978-3-8346-2446-8

Friedl, Inge:
Alte Kinderspiele – einst und jetzt.
Böhlau, 2015.
ISBN 978-3-205-79636-7

Hering, Wolfgang:
Leichter Deutsch lernen mit Musik,
m. Audio-CD und Bildkarten.
Don Bosco, 2021.
ISBN 978-3-7698-2381-3

Hubrig, Silke:
Das Übungsbuch zur Sprachförderung.
Verlag an der Ruhr, 2024.
ISBN 978-3-8346-6733-5

Monschein, Maria:
Laute spüren – Reime rühren.
Don Bosco, 2023.
ISBN 978-3-7698-2564-0

Ruhe, Anna Thekla:
Wir reimen, patschen, spielen.
Don Bosco, 2023.
EAN 4260694921166

Schröder, Ute:
50 Mitmachgeschichten zur Sprachförderung.
Verlag an der Ruhr, 2014.
ISBN 978-3-8346-2594-6

Schröder, Ute:
Fingerpuppen-Geschichten für die Kleinsten.
Verlag an der Ruhr, 2023.
ISBN 978-3-8346-6430-3

Wilkening, Nina:
66 tolle Spiele zum Deutschlernen in der Kita.
Verlag an der Ruhr, 2024.
ISBN 978-3-8346-6537-9

Wilkening, Nina:
80 schnelle Spiele für die DaZ- und Sprachförderung.
Verlag an der Ruhr, 2013.
ISBN 978-3-8346-2310-2